それでも子育てを諦めたくない。

「私、母親向いていない」

松尾直子 著

セルバ出版

はじめに

はじめまして。心理カウンセラーの松尾直子です。

私の元には、子育てがうまくいかず悩んでいるお母さんたちからの救いを求める声がたくさん届きます。中でも「怒るのをやめたいのにやめられない」「子どもを可愛いと思えない」このご相談はとても多い悩みです。

多くのお母さんたちが、「やっぱり私は母親に向いてない」「私は母親になってはいけない人間だった」「こんな私が母親で子どもに申し訳ない」と、たくさん自分を責めています。

子育てが「苦しくて、しんどくて、どうしようもなくて」でも、それでも子育てを諦めたくなくて。家族のために「自分を変えたい」と、藁にもすがる思いでご相談に来られるのです。本書を手に取ってくださったあなたも、そんな苦しい状況にあるのではないでしょうか。

かつての私も同じ悩みを抱えていました。私のように深い悩みから抜け出せず、苦しんでいるお母さんたちを1人でも多く救いたい。親子の悲しいすれ違いをなくしたい。この強い想いから、私は心理カウンセラーになることを決意しました。

自身の克服体験を体系化し「心の土台構築実践プログラム」と名付け、カウンセリングをスタートさせると、募集初日から続々と申し込みが入り、1年目にして100件を超えるご家庭の相談にのってきました。同じ悩みを抱え苦しんでいるお母さんたちが想像以上にたくさんいることに驚きました。

たくさんのお母さんたちの問題解決のサポートをさせていただく中で、強く感じることがあります。それは「無知ほど恐ろしいものはない」ということです。そしてそれは、私自身が痛感したことでもあります。

本書では、「もっと早くに知りたかった」と切望してやまないこと、私自身の悩みを通して学んだこと、気づけたこと、多くのお母さんたちの問題解決をサポートする中で確かめ続けていることを、実際にあったエピソードを交えながらわかりやすくお伝えしていきます。

人間が幸せに生きていくために大切なことがあります。人生においても、子育てにおいても、この大切なことを「知らなかったために」夫婦関係がうまくいかず離婚してしまうケースや「この子のため」と思い込んでいたことが、実は大きな間違いだったり。親子関係が破綻、家庭が崩壊して「はじめて自分の過ちに気づく」といったような非常に残念なケースも少なくありません。

「心の仕組み」を知っているのと知らないのとでは、あなたの今後の人生は大きく変わります。

本書によって「もっと早くに気づいていれば」と後悔する人が1人でも減りますように。つらい思いをする子どもたちが1人でも減りますように。あなたの心が救われますように。心から願っています。

２０２４年11月

松尾　直子

「私、母親向いていない」それでも子育てを諦めたくない。 目次

第1章 「私は母親に向いていない」それでも子育てを諦めたくないあなたへ

第2章　あなたの「怒り」は手放せる

第3章　等身大の自分を愛すべき理由

第4章　誰も教えてくれなかった「ありのままの子どもを受け入れる方法」

第5章　心の敷地と境界線

第6章　子どもの頃の自分と出会う ～インナーチャイルドを癒すワーク

おわりに

第1章

「私は母親に向いていない」それでも子育てを諦めたくないあなたへ

1　子育てがうまくいかなくて、しんどい思いをしていませんか？

怒るのをやめたいのにやめられない

・些細なことでも、ついイライラしてしまう
・一度怒りのスイッチが入ると止められない
・すぐにカッとなってキレてしまう
・カッとなると、つい手を上げてしまう
・物事が思い通りに進まないとイライラする
・子どもに怒鳴ったり暴言を吐いたりしてしまう

ご相談内容で一番多いのが「怒り」に関するお悩みです。
怒りをコントロールできず苦しんでいる人、このままでは虐待してしまうのではないかと不安に思っている人、「もう既に手を上げてしまっている」そんな深刻な状態の人もいます。「また今日も大声で怒鳴ってしまった」「本当は優しくしたいのに」と、怒ってしまったあとは、激しい自己嫌悪に陥っています。

子どもを可愛いと思えない

・抱っこや添い寝などスキンシップに抵抗を感じる
・子どもに甘えられると嫌悪感がわく
・泣いている子どもを見ると無性にイライラする
・子どもを可愛いと思えず生理的に受けつけない
・上の子だけ（下の子だけ）可愛いと思えない
・子どもを痛めつけたくなる衝動に駆られる

「自分の子どもなのに可愛いと思えず悩んでいる」というご相談もとても多いです。世間一般的に「母親は無償の愛を注ぐもの、どんなときも子どもを優先にすべき」このような考えを持たれている人が多いように思います。

「子どもを可愛いと思えない自分は人としておかしいのではないか」「こんな親で申し訳ない、私は母親失格だ」と、強い罪悪感を抱き世間の常識と自分の気持ちとの狭間で、苦しんでいる人は意外にも多いのです。

過干渉がやめられない

・子どもの話を遮って口出ししてしまう
・子どもの考えや意見を尊重できない
・つい自分の意見を押し付けてしまう
・子どもの交友関係にも口出しをする
・褒めるよりも否定することのほうが圧倒的に多い
・子どもよりも世間体を気にしてしまう
・完璧主義

過干渉な母親に共通する口癖には、次のようなものがあります。

「あなたのためを思って言っているのよ」

「あなたのことが心配なのよ」「将来困るわよ」

「ちゃんとしなさい！」「どうしてわからないの」

「○○するのが当たり前でしょ！」など。


過干渉は、思春期の子どもをもつ母親に多く見受けられます。この子のためだと、信じて疑わないため、自覚がないまま、子どもの自律を妨げたり心に悪影響を及ぼす恐れがあります。

不登校、発達障害、ＨＳＣなど、お子さんに関するお悩み

・不登校、行き渋りがある
・発達の凹凸がある、あるいはグレーゾーン
・癇癪の対応に疲弊している
・学校でいじめにあっている
・ＨＳＣ（生まれつき敏感で繊細、感受性が強い）
・社交不安障害、対人不安、うつ病、
・摂食障害などの心の病（軽度〜重度）を患っている

「小さい頃から育てにくさを感じていた」というお母さんもいれば「何の問題もないと思っていた子が思春期になって突然急変した」など、さまざまなケースがあります。

私は常々、子育てがうまくいかないのは「あなたのこれまでの生き方を見直すサインですよ」とお伝えしています。

子どもの問題ではなく「家族の問題」と捉え、お子さんの前に、まずは親である「あなた」が変わる覚悟を持つことです。

2　なぜ悩みや問題が解消されないのか

子育てがうまくいっていない母親たちの3つの特徴

「一生懸命頑張っているのに、なぜか家族とうまくいかない」「子育てに必要なことは学んでいるのに行動に移せない」あなたもこのような状態に陥っていませんか?

私がこれまで問題解決のサポートをしてきた、子育てがうまくいっていないお母さんたちには、次の3つの特徴があります。

①真面目で頑張り屋さん
②勉強熱心
③変わるための努力をしている

この特徴からもわかるように、子育てがうまくいっていないお母さんたちは、見るからに「ひどい親」ではなく、むしろ子育てに一生懸命で「ちゃんとしている人」ばかりです。

なんとか自分を変えようと、あらゆる子育て本を読み漁り、夜な夜なネットで情報収集したり、子育てセミナーに参加したり、カウンセリングを受けたり、アンガーマネジメントを学んでいる方もいます。必要なことは学んでいるはずなのに、問題は一向に解決しない、変わりたいのに変われない人たちばかりなんですよね。

ご相談に来られる2割の人は、子どもの頃からずっと生きづらさを感じてきた人。残りの8割は母親になるまで、これといった問題はなく生きてきた人です。「結婚して子どもを産むまで、生きづらさなんて感じたことがなかった」「自分がこんなに怒りっぽい性格だったなんて思いもしなかった」と、皆さん口を揃えて仰います。

実はこれ…何も問題がなかったわけじゃなく、これまではうまくいくように考えて行動し、周りに合わせて生きてきたからうまくいっていただけなのです。相手に合わせてその場を取り繕ったり、苦手な人とは交流を避けたり、他人であれば関係を断つという選択もできますよね。

しかし、親子関係や家族はそうはいきません。「娘はどうも扱いづらいから関わらないようにしよう」「息子とは性格が合わないから親子やめよう」なんてことはできないわけです。どんなにつらい状況になっても親子はやめられない、子育てからは逃げられない。だから、つらいのです。逃げ場がなくなり窮地に立たされてやっと、自分と向き合う場面がやってくるのです。

真の原因は「自分」の中にあった

今起きている問題はきっかけの1つに過ぎず「真の原因」は、他にあります。多くの人が「夫や子どもに原因がある」と思い込み「なんとかして相手を変えなければ」と検討違いの頑張りを続けています。

そもそも、そこが大きな間違いなんですね。本当に向き合うべき人は「自分自身」なのです。

私も、自分の性格や子育てに長いこと悩んできましたが、当時は真の原因に気づけないまま、解決から遠ざかるような頑張りを繰り返していました。30歳を過ぎた頃、私の生きづらさの正体は「アダルトチルドレン」だったのだと知りました（アダルトチルドレンについては、のちほど詳しくお話しします）。

当時の私は、アダルトチルドレンはもちろんのこと、自己肯定感という言葉さえも知らず、心理学とは無縁の世界で生きていました。私のこれまでの言動を振り返るとアダルトチルドレンの特徴に当てはまることだらけで、大人の愛着障害の傾向も至るところに現れていました。「なぜ気づかなかったのだろう」と驚くほどです。

アダルトチルドレンだと気づけたきっかけ

「私は、アダルトチルドレンなんだ」と気づいたきっかけは2つあります。1つは「子どもをうまく愛せない」という問題に直面したこと。そしてもう1つは「起業したこと」でした。

カウンセラーになる前の私は美容師として働いていました。自宅の一角で小さな美容室を営んでいましたが、セラピストという新しい世界に挑戦したことが人生の流れを大きく変える転機となりました。

特にSNSやブログを書きはじめたことは大きな変化をもたらし、講師として講座やスクールなど主催するようになったり、SNSで繋がった人たちが県外からも来店してくださるようになったりと、美容師として働いていた頃とは毎日が一変しました。

しかし、それと同時に自己肯定感や自尊心の低さを思い知らされる悩みや問題が一気に溢れ出したのです。人と比べて強い劣等感を感じ、仲間や知人の成功を妬んだり。承認欲求が強く、失敗がとても恐くて、人から必要とされない自分には価値がないと思ってしまうのです。

仕事はうまくいっているはずなのに、いつも見えない何かに追われている感覚があり、苦しくて仕方ありませんでした。次々に突きつけられる悩みをなんとか解消したかった私は、占い、自己啓発、スピリチュアルなどの学びに没頭していきました。

当時の私は「自分のメンタルの弱さが、色んな問題を引き起こしているんだ」「メンタルさえ強くなればすべての悩みから解放されるはず」とも思っていました。この見立ても大きな勘違いの1つでした。心の弱さを克服するために役立ちそうなことを学び、興味がわいたものは、とにかく挑戦するようにしました。

しかし、どれだけ人から認めてもらえても、どれだけ仕事でいい成果を出せても、頑張っても頑張っても不安や劣等感が消えることはありませんでした。間違った方向に頑張り続けてしまったために、お金も時間もかなり費やしてしまいました。

突然、発症した社交不安障害

その後、追い打ちをかけるかのように「社交不安障害」を発症。自分の心を蔑ろにして頑張り続けた結果、ついに身体に反応が出はじめたのです。

社交不安障害とは、人前で話すなど人からの注目が集まるような状況で、強い不安や恐怖、緊張を感じ、失敗して恥をかくのではないかという心配や不安を感じる病気です。「あがり症」とよばれることもあります。

〈社交不安障害が引き起こす症状〉

・極度のあがり症　・手足の震え　・声が震える、どもる
・脱力感　・赤面症　・対人恐怖
・動悸　・吐き気　・精神性発汗（手汗、ワキ汗、冷や汗など）

私の場合、最も強く現れたのが、人前で手が震えて字が書けなくなる、書痙（しょけい）という症状でした。人から見られていると思うと緊張と不安で手がブルブル震え出すため、字を書く場面以外にも、人にコーヒーを入れたり飲み会でのお酌もできなくなりました。その他にも冷や汗、ワキ汗、動悸、脱力感などの症状がありました。

職業柄、人前に立つことが多かった私にとって、これらの症状は致命的でした。母親劣等生だった私にとって仕事は生きがいでした。その仕事も思うようにできなくなるのかと思うと、目の前が真っ暗になりました。変わりたいから頑張る→でも変われない→そんな自分に苛立つ→ダメな自分を責める→さらに落ち込む。負のスパイラルにはまってしまい抜け出せなくなっていました。

心理学との出会い

そんな私を最終的に救ってくれたのは、「インナーチャイルドの癒し」と「自己受容」でした。とくに自己受容との出会いは、私のこれまでの生き方を大きく変える転機となりました。

幼い頃に負った心の傷を癒していく中で、私をずっと苦しめていたのは、周りではなく「自分自身」だったのだということに気づきました。「心の土台」が不安定なまま、知識やテクニックばかりを追い求めていたから、いつまでたっても理想の自分になれなかったのだと、真の原因がわかったときは、安堵し心がとてもラクになりました。ここまで長い道のりでした。

人間の基礎となる心の土台づくり

人間が生きていく上で最も重要となる「心の土台づくりの必要性」を知った私は、知るだけでなく、実際に取り組みはじめました。

まず、はじめに身につけたものは自己受容です。自己受容ができるようになったことで「ありのままの私で生きる価値がある」そう思えるようになりました。ありのままの自分を受け入れることができると、長い間感じていた子どもに対するイライラや嫌悪感が、少しずつ和らいでいくのを感じました。自己受容が自分の中に育つと共に、子育ても、夫婦関係も、仕事も、全方位がスルスルと好転しはじめたことにとても驚きました。

インナーチャイルドの癒しと自己受容は、今では私が教えている「心の土台構築実践プログラム」

の核となり、多くのお母さんたちの問題解決に役立っています。

3 子育てはテクニックだけではうまくいかない理由

あなたに必要なのは、How to ではない

育児本やネットで知識を得ても「そもそも、それができないから困っているんだよ」と思うことはありませんか?

たとえば「ありのままの子どもを受け入れてあげることが大切」という言葉。子育て本を読んでいると、必ずと言っていいほど目にする一節ですよね。

しかし「頭では理解はできても、いざ子どもを目の前にすると、ひどい言葉をぶつけてしまう」「そもそも、どう受け入れていいのか、その方法がわからない」という声をよく聞きます。

子どもの発達障害、発達グレーゾーン、癇癪でお悩みの場合、専門書を読むと「怒るのは絶対にやめましょう、笑顔で接しましょう」「褒める、認めるなど肯定的な関わりを増やしましょう」「お子さんに届く言葉で根気よく伝え続けましょう」などのアドバイスを目にします。

しかし、子どもを可愛いと思えない、怒るのをやめられない、お母さんたちの多くが「待つ・根気よく続ける・褒める」が大の苦手です。苦手というよりできません。実践しようとするものの、どうしても心がついていかないという方がほとんどなのです。

そもそもの部分に、てこ入れが必要

この例からもわかるように、変わりたいのに変われない人の多くは、学んだことを実践する以前の、そもそもの部分に「てこ入れ」が必要なのです。人生は知識や、やり方を知ればうまくいくような単純なものではありません。

特に子育てにおいては、どれだけ子育て本を読み漁りテクニックやノウハウを学んでも、実践するあなた自身のマインド、つまり「心の土台」が育っていないと、学んだことを実践し活かすことができません。

もし、あなたが「子育て本に書かれていることは頭では理解できるのに、どうしても実践できない、行動に落とし込めない」状態にあるなら、子育てのテクニックを学ぶよりも「心の土台づくり」に取り組むことが先決です。

土台づくりの必要性が理解できたら「さっそく実践！」と、いきたいところですが、心の土台づくりには適切な順番があります。怒るのをやめたいのにやめられない、子どもを可愛いと思えない悩みの根本原因は１つではなく複数が複雑に絡みあっていることが大半です。

実践の前に、まずは自分自身を深く知ることが必要になります。問題を解決しようとするとき、多くの人がいきなり解決策を考えがちですが、その前に自分の身に起こったことを客観的に振り返り、自分自身を深く知ることが不可欠です。心の仕組みについて必要な知識を学び、自分の考えや言動を内観することからはじめていきましょう。

4　子育ての悩みのもとは幼少期にある

アダルトチルドレンとは

アダルトチルドレンとは、子どもの頃に「機能不全家族」で育ったために、大人になってからも、心や人間関係で問題が生じ、生きづらさを感じている人たちのことを指します。アダルトチルドレンの多くは不安定な家庭環境で育っています。生育過程の中で感じた不安やストレスもアダルトチルドレンになる要因の1つです。一見、何の問題もないような家庭であっても、問題が潜んでいるケースは多くあります。

日本はアダルトチルドレン大国だと言われており、日本人の8割がアダルトチルドレンだとも言われています。それほど珍しいことではないということですね。言い方を変えれば、日本の家庭は機能不全であることがスタンダードだということです。

アダルトチルドレンと聞くと「病気なの？」と、なんだか大変そうなイメージを持たれたり抵抗を感じる人もいるかと思いますが、アダルトチルドレンは病気でもなければ医学用語でもありません。ほとんどの人が気づかないまま普通の社会生活を送っています。

冒頭でもお話ししたとおり「無自覚」なことが一番怖いことだと思っています。まずは、アダルトチルドレンに関する情報や知識をもつことが回復に向けたはじめの1歩になります。

機能不全家族とは

機能不全家族とは一体どういった状態のことを指すのでしょうか。

機能不全家族とは、文字のとおり「家族の機能が果たせていない家庭のこと」を指します。虐待、ネグレクト、家庭内暴力（ＤＶ）、親や家族の誰かが、うつ病や依存症など精神の病を患っているなど明らかな問題がある家庭はもちろんのことですが、それだけではありません。

あなたの家庭でも、このようなことはありませんでしたか？

・親がすぐカッとなる、ヒステリックに怒る、怒鳴る
・物を投げる、物にあたる、叩く
・自分の思い通りにならないと不機嫌になる
・感情の起伏が激しい
・しつけに厳しい
・きょうだい間の差別
・両親の離婚、両親が不仲、ケンカが頻繁にあった
・母親が愚痴や泣き言をよく言う人だった
・祖父母と、父親もしくは母が不仲だった
・親が酒乱、お酒を飲むと人が変わる

・父親もしくは母親が不在のことが多かった（仕事が忙しい、ギャンブル、娯楽など）
・父親もしくは母親が浮気をしていた
・父親もしくは母親が家庭や子どもに無関心
・過干渉
・スキンシップがなかった
・親に頼りたくても頼れなかった（親が精神的に不安定、病気だった）

本来、安心安全の場所であるはずの家庭が、あなたにとって不安を感じやすく安心できない場所だったのであれば、機能不全家族と言えます。

同じ家庭で育っても、きょうだいみんながアダルトチルドレンになるとは限りません。あくまでも「本人がどう感じていたのか」が重要なのです。

〈私の場合〉

・2歳〜幼稚園入園まで父方の祖母の家に預けられていた（両親と弟は母の実家に住んでいた）
・祖母が躾に厳しい人だった、おねしょをするたびにお灸を据えられた
・父親がギャンブル依存だった
・両親が不仲、離婚
・離婚がきっかけで母親がうつ病になる、自殺未遂

・母親が、夜に不在なことが多く寂しかった
・母親とのコミュニケーション不足
・弟との愛情の差を感じていた
・中学生以降、家族バラバラに暮らしていた

こうして改めて振り返ると、私が育った家庭は機能不全家族だったことがわかります。しかし、当時は自分の家庭に問題があるなど考えもしませんでした。そもそも機能不全家族という言葉すら知らなかったのです。

親を悪く言うことへの罪悪感

家庭内のことは自分にとっては当たり前すぎて、問題があったことに気づけません。「私の家族は普通だったと思います」と答える人も多いです。気づくタイミングは人それぞれですが、結婚を機に、相手方の家族と比べて「うちはおかしいのかも」と気づいたり。自分自身が子どもを可愛いと思えなかったり、手をあげてしまったり、子どもが不登校になったりと、何らかの問題が起こったことをきっかけに、あれこれ調べているうちに「自分の幼少期に問題があったのかも」と思い至る場合が多いですね。

虐待など明らかな問題があった場合でも、家庭内に問題があったと自覚のない人もいます。「しつけだと思っていた」「怒られるようなことをする自分が悪いと思っていた」と、自分に非があっ

たからだと思っています。

カウンセリングでは、必ずご両親のことを伺いますが、自分の親が「毒親だった」と認識している人は少ないです。「毒親」というワードに抵抗を示す人も少なくありません。「自分は可哀想な子だったと認めたくない」「同情されたくない」「親のせいにしたくない」と頑なに否定される人もいます。

アダルトチルドレンの症状

アダルトチルドレンの最大の特徴は「自尊心の低さ」です。アダルトチルドレンは、自分のことを大切にする思いが乏しく、強い自己否定感を抱いています。そのため、人間関係の構築がむずかしかったり、感情のコントロールができなかったり、依存症などの問題が発生することもあります。

次に、アダルトチルドレンによく見られる症状や特徴をいくつかあげています。自分に当てはまるものをチェックしてみましょう。

＜アダルトチルドレンによくみられる症状や特徴＞

・自分に非がないことでも、自分の責任だ、自分が悪いと思ってしまう
・自分は人とは違うといつも感じている、疎外感を感じやすい
・すぐに自分を責めてしまう、批判する、否定してしまう

・他人から認められたい必要とされたい気持ちが強い
・人に助けを求めたり人に甘えたりできない
・感情をコントロールすることが難しい
・白黒ハッキリさせないと気が済まない
・友人をつくるのが下手
・人と親密な関係を築けない
・些細なことでも傷つきやすい
・完璧主義である
・本音を言える場面でも嘘をつく
・人や物に依存しやすい
・人と会うと気疲れする
・自分の感情がわからない
・他人からの褒め言葉を受け入れにくい
・さまざまな場面で罪悪感を抱きやすい
・被害妄想が激しい、思い込みや決めつけが多い
・イライラすることが多く、人に対して攻撃的になる
・相手の顔色を伺う、相手に合わせる

・権威のある人の前に立つと萎縮してしまう
・物事を最後までやり抜くことができない
・なにごとも楽しむことができない
・過剰に責任を感じる反面、過剰に無責任になったりもする
・自分の行動に「これでいい」と確信が持てない

まさか子育ての悩みや生きづらさが自分の幼少期に繋がっているなんて…ほとんどの人が考えもしないでしょう。

「今でも気づけていなかったら…」と思うと恐怖でしかありません。本書が必要な人の手に届き、人生が変わるきっかけになれたら本望です。

5 家庭崩壊のピンチ！ 離婚の危機、息子の癇癪、不登校〜受講生の体験談

離婚するか夫婦関係修復か

Hさんは、8歳の女の子、6歳の男の子、ご主人の4人家族。Hさんの一番の悩みは「夫婦関係」でした。ご主人が、あるトラブルを起こし、Hさんは失意のどん底にいました。

以前から夫婦関係が不安定で衝突が多かったものの、基本的にご主人は優しい人で、子育ても家

事もよく手伝ってくれました。しかし、これまでにも複数回、同じようなトラブルを起こしており、内情を知っていた親族や友人は離婚をすすめました。しかし、Hさんの希望は離婚ではなく「修復」でした。

大半の人が離婚を選択するであろう場面で、なぜ自分は、夫から離れる選択ができないのだろう…と不思議に思い、ネットでいろいろ調べていくうちに「共依存」「アダルトチルドレン」のワードが目に留まりました。内容を読むと自分に当てはまることが多くありました。

夫の起こした問題は「自分にも原因があるのかもしれない」そのような思いが心の片隅にあったHさんは、さらにネットで検索を続けました。

そんなとき偶然見つけた、心の土台構築実践プログラム。ホームページを読みすすめていくと、自分の状況と重なる点がたくさんありました。「私も変われるかもしれない」そう思ったHさんは自分を変えたい一心で、受講を決断されたのです。

夫へのイライラや暴言を止められない

希望を胸にスタートした実践プログラム。「自分もきっと変われる」そう信じていたけど、学び始めてからも、さまざまな壁にぶつかりました。「夫も夫なりに変わる努力をしている」と頭ではわかるのに、息子が癇癪を起こしたり、嫌なことや不安に思うことがあるたびにすべてを夫のせいにし、「私がつらいのはアンタのせいだ！」と罵声をあびせました。ついカッとなって「出ていけ！」

と言ってしまったこともあります。夫の顔を見るたびに過去にされたことを思い出し、激しい怒りが込み上げ暴言が止められないのです。

しかし、夫は居てもらわないと困る存在。経済的なことを抜きにしても、やっぱり人生をともに生きていきたい人でした。一緒にいたい気持ちと、顔を見るたびに感じる強い怒りと嫌悪感。2つの感情の狭間で苦しむ日々が長く続きました。

根本原因は、自己肯定感の低さと「見下され不安」

Hさんは劣等感が強く自己肯定感が育っていない状態でした。自分の中に湧いてきたネガティブな感情を自分で受け止めることができず、ご主人にぶつけてきました。つまり、ご主人に依存していたのです。

しかし、この状態がこれからも続けば、Hさんも苦しいですが、ご主人の身は持ちません。お互いが精神的に自立し、心の境界線を持てなければ、共依存関係を引き起こしてしまいます。夫婦の間にも「心の境界線を持つこと」これが大事なのです（心の境界線については第5章にてお話しています）。

Hさんの心の奥底には「無能な人だと思われたくない」「できない人だと思われたくない」という「見下され不安」がありました。見下され不安がある人は「誰かと比べて優れていること、特別な人であること」に強い執着心を抱きます。

自分の自尊心を満たすためには「見下す相手」が必要になります。夫のルーズな部分、主体性がなく受け身の姿勢、忘れっぽいところなど、ダメな部分ばかりが目につきイライラするのですが、実は自分の自尊心を満たすためには、不出来な夫のほうがメリットだったりするのです。Ｈさんは、そのような自分がいることに薄々気づいていました。しかし、認めることが嫌で、これまでずっと目を背けてきたのですね。

夫との関係を修復するも離婚するも、最終的に決めるのは「自分」。どちらも自分で選べる。その上で、もう一度どうしたいか本心を尋ねてみると、Ｈさんの答えは以前と変わらず「夫婦関係の修復」でした。その気持ちが本心であれば、Ｈさん自身の心の土台を育む必要があることを伝え、トレーニングを再開させました。

ありのままの自分、ダメな自分を認めて夫婦関係の修復へ

その後もつらい日々は続きました。あまりにも落ち込みがひどいときは、カウンセラーの言葉さえも否定的に受け取り、責められているように感じることもありました。なかなか変わることができない自分を責め「やっぱり私がダメなんだ」「もう嫌だ、全部投げ出してしまいたい」と心のシャッターを降ろしたこともありました。

でも、「それでも諦めたくない」「自分のため、家族のために変わりたい」その想いがＨさんを突き動かし、自分の力で心のシャッターを開け、再び自分と向き合い始めました。

諦めずにコツコツ自分と向き合い、家族と向き合い、トレーニングを続けてきたおかげで少しずつ変化が見えはじめ、次のようなことにも気づいたのです。

理想の家族、理想の母親への執着が招いた現実

私は昔から、自分の育った家庭とは真逆の家庭を望んでいたことに気づきました。他所の家庭がずっと羨ましかった。将来、自分が家庭を築けたら「親みたいにはならない」そう思っていました。お金に困ることもなく、家族仲良く、笑顔溢れる温かい家庭を築く。家事も仕事もきちんとこなすスーパーお母さんになるんだ！　この思いが強く、それがビリーフ（思い込み）となり、家族にたくさんのことを強要していたのだと思います。

しかし、思い描いていた家庭とは程遠く、理想と現実のギャップに苦しみ、その悲しみが「怒り」に変わっていたのだと思います。姉弟のケンカに過剰に怒ってしまうのも根底には「悲しみ」があったのだと気づきました。仲のよい姉弟に憧れが強く、私みたいになって欲しくないのだと思います。

夫に対しても、自分と違う意見だと許せず、お金に関する価値観や家庭での態度など、私の考えばかりを押し付けてきました。これでは「夫もストレスが溜まるよな」と今は思えています。夫の起こした数々のトラブルは夫の心の問題が原因だったかもしれないけれど、私も原因のうちの1つだったと思います。

Hさんが、ありのままの自分を受け入れ始めると、ご主人のことも尊重できることが増えたり、

家族に対して謝れるようになったり、目に見える変化を感じられるようになりました。

さらなる試練、息子の不登校

しかし、さらなる試練がHさんを待ち受けていました。息子さんの癇癪が悪化、自傷行為、学校への行き渋り、娘さんの問題行動など、子育ての悩みは以前から抱えてはいたけれど、問題が膨れ上がっていったのです。息子さんは小学校に入学して数週間で学校に行けなくなりました。

Hさんは「今、自分にできることはなんだろう」「今、何を一番に優先すべきか」自分自身とたくさん向き合い、ご主人と何度も何度も話し合いを重ね、今、優先すべきは「息子」だという結論にたどりつきました。

悩みに悩んだ末、癇癪や不登校と向き合おうと、まずは仕事を休職し、発達専門の講座を受講することを決意しました。2つの講座を同時に受講することは難しいだろうと判断したHさんは実践プログラムは中断することを決めました。

発達の講座を受講し始めてからも、頭では理解できても心がついていかず、たくさんの壁にぶつかり、苦しいこともたくさんありました。学校に行けなくなるほど息子の心はSOSを発している。無理矢理、登校させるのではなく今は寄り添うべきだと頭ではわかっている。会社も理解を示してくれている。子どもを支えるためにも自分の心を整えないと…と思うけれど、先の見えない不安や恐れで押し潰されそうになるのです。それでも諦めずに実践し続けました。

実践プログラムの修了式の日、Hさんはこのようなことを話してくれました。以下そのままをシェアしますね。

つらかった日々が私に教えてくれたこと

息子の不登校を通じて、まだまだ眠ったままになっていた生きづらさ、思い込みや罪悪感など、自分の問題点に気づき、ようやく「向き合うべきなのは息子ではなく自分自身」なんだと腑に落ちました。

息子が不登校にならなかったら、私は自分の課題に気づけていただろうか。自分と向き合うために休職することを決断できただろうか。いつも人のせいにしてばかりで自分から目を背けてきた私に「息子が変わるきっかけを与えてくれたのではないか」そう思ったら、自然と感謝の気持ちが溢れてきました。こんな風に思えるようになれたのも、問題から逃げずに自分自身と向き合い続けたからこそだと思います。

講座中、苦しくなったとき「ピンチはチャンスなんだよ」と何度も自分に声を掛けてきました。息子のことも、まだまだ不安になる日もありますが「きっと大丈夫！」と根拠もないのに思えている自分がいます。

以前のように悲観的な気持ちが続くことがなくなりました。後半は休むことになってしまって残念でしたが、直子さんのプログラムを受講せずに不登校になっていたら…と思うと、自分はどうなっていたのだろうと思います。今後も自分なりのペースで自分自身と向き合っていきます（ここまで）。

ピンチはチャンス

はじめてHさんとお会いしたとき「今すごくつらい状況にあると思います。しかし、それはピンチではなく幸せになれるチャンスなんですよ」とお話ししたことがありました。私自身、たくさんのピンチをチャンスに変えてきました。

そして私だけでなく、どん底だった状態からピンチをチャンスに変えて人生を好転させた人をたくさん見てきました。Hさんの胸にも「ピンチはチャンス」の種がしっかりと撒かれていたこと、とても嬉しく思いました。

Hさんが成長されていく姿を間近で見させていただいて、やはり人間はいつからでも変われるのだと改めて確信しました。あなたのその悩みも成長するためのチャンスなのですよ。

6 これってモラハラ? 夫婦間のモラルハラスメント

モラハラとは

子育てがうまくいっていない人の多くが「夫婦関係」においても、悩みや問題を抱えています。先ほどご紹介したHさんも、かつての私もですが、自分は「モラハラ妻」だったと気づけたことは、自分にとってはもちろんのこと、夫婦にとっても家族にとっても大きな転機になったと思います。

モラルハラスメント、略してモラハラは、心を傷つける見えない「言葉の暴力」です。モラハラ妻の大半は「無自覚」です。被害者意識が強く、他責グセもあり自分に非があるなんて思いもしません。いつだって「自分が正しい」と思い込んでいるのです。

どんな問題も 解決するためにまず最初にやることは「現状を把握し認識すること」

モラハラにも軽度、中度、重度と段階があります。気に入らないことがあると無視する、見下したりバカにしたり人格を否定するような発言をする、怒鳴る、暴言を吐く、お小遣いを渡さない、暴力を振るうなど、さまざまな言動があります。自分のことを客観的に見ることは難しく、多くの方が問題を軽視します。知らないうちに状態が悪化して、夫に離婚を突きつけられたり、借金、ギャンブル、浮気、依存症など問題が起きて初めて事の重大さに気づくことも珍しくありません。

第2章　あなたの「怒り」は手放せる

1　アンガーマネジメントが役に立たない母親たち

怒りは人生に影響を与える感情です

些細なことでもついイライラしてしまう、すぐにカッとなってキレてしまう、一度怒りのスイッチが入ると止められないなど、あなたも「怒り」に関するお悩みをお持ちではありませんか？

私自身「怒り」には長年悩まされてきました。結婚して子どもが産まれてからは毎日のようにイライラしていました。かつての私は、夫にはモラハラ、子育てにおいては毒親でした。

「怒り」はつかい方を間違うと、人を傷つけたり、人間関係が崩壊したり、仕事で積み上げてきたキャリアを台無しにしてしまうこともあります。怒りの感情は人生を壊してしまうほど、とてもパワーのある感情なのです。

しかし怖がることはありません。逆を言えば、怒りに関する悩みを克服できれば、あなたの人生は大きく好転するということです。私も怒りの感情としっかり向き合い克服できたことで家族との関係も良好になり、これまでの人生観が１８０度変わる経験をしました。

あなたの「怒り」は必ず手放すことができます。ただし、これからお伝えする内容を実践することが必要となります。後悔しないためにも、できることから取り組んでいきましょう。

アンガーマネジメントとは

怒ってしまう自分を変えたくて、これまでさまざまな努力を試みたと思います。怒りに関する本を読んでみたり、SNSで情報収集したり、実際にアンガーマネジメントを学んでみた方もいるかもしれませんね。

アンガーマネジメントは「怒りの感情を押さえ込むための技法」だと捉えている人がいますが、そうではありません。アンガーマネジメントの目的は「怒りによって後悔をなくすこと」です。

アンガーマネジメントについて学んだ人が、よく取り組まれているのが「イラっとしたら6秒数える、その場を離れる」といった対処法です。

「6秒なんて待てないです！」「一気に怒りの沸点に達してしまう私には意味がないんです」「最初の数日はやってみたけど三日坊主で終わってしまいました」このような声をよく聞きます。困り果てたお母さんたちは最終的にどうするかというと、怒ることを我慢します。

しかし、この「我慢」こそが一番やってはいけないことなのです。

怒りは「我慢」では解消されません

あなたのイライラは、我慢では絶対に解消しません。そして、アンガーマネジメントの方法だけ学んでも、あなたのその怒りは手放せません。第1章でもお伝えしたとおり、変わりたいのに変われない人たちは、テクニックやノウハウを実践する以前の、そもそもの部分に「てこ入れ」が必要です。

悩みを解消したいと思ったとき、誰もが「方法を知りたい」と考えます。学んだことを素直に実践できる人は問題ありませんが、もしあなたが、何らかのブレーキがかかり実践できない状況にあるとしたら、方法よりももっと本質的なことに取り組む必要があります。本質的なこととは何か？ それは「イライラの本当の原因を知り、理解すること」です。これが今のあなたに必要なことです。

2 私は、なぜ怒るのか 怒りの正体を知ろう

そもそも怒りの感情は何のためにあるのか

怒りの感情はなんのためにあるのでしょうか。怒りは自分を守るための「警報ブザー」のような役割を担っています。自分の身が危険にさらされたときに、怒りという警報ブザーが鳴ります。すると、危険な状況を回避しようと、あなたの脳から心身に指令が発動し、瞬時に戦闘モードに切り替わります。

自分のことを不当に扱う人や自尊心を傷つけるような相手から、自分の心を守るために怒りの感情があるということです。その他にも、自分にとって大切な人や大事にしている物に危害がおよびそうになったときにも怒りは発動します。怒りは自分の心や大切なものを守るために存在しているということを、まずは理解しておきましょう。

〔怒りのメカニズム〕

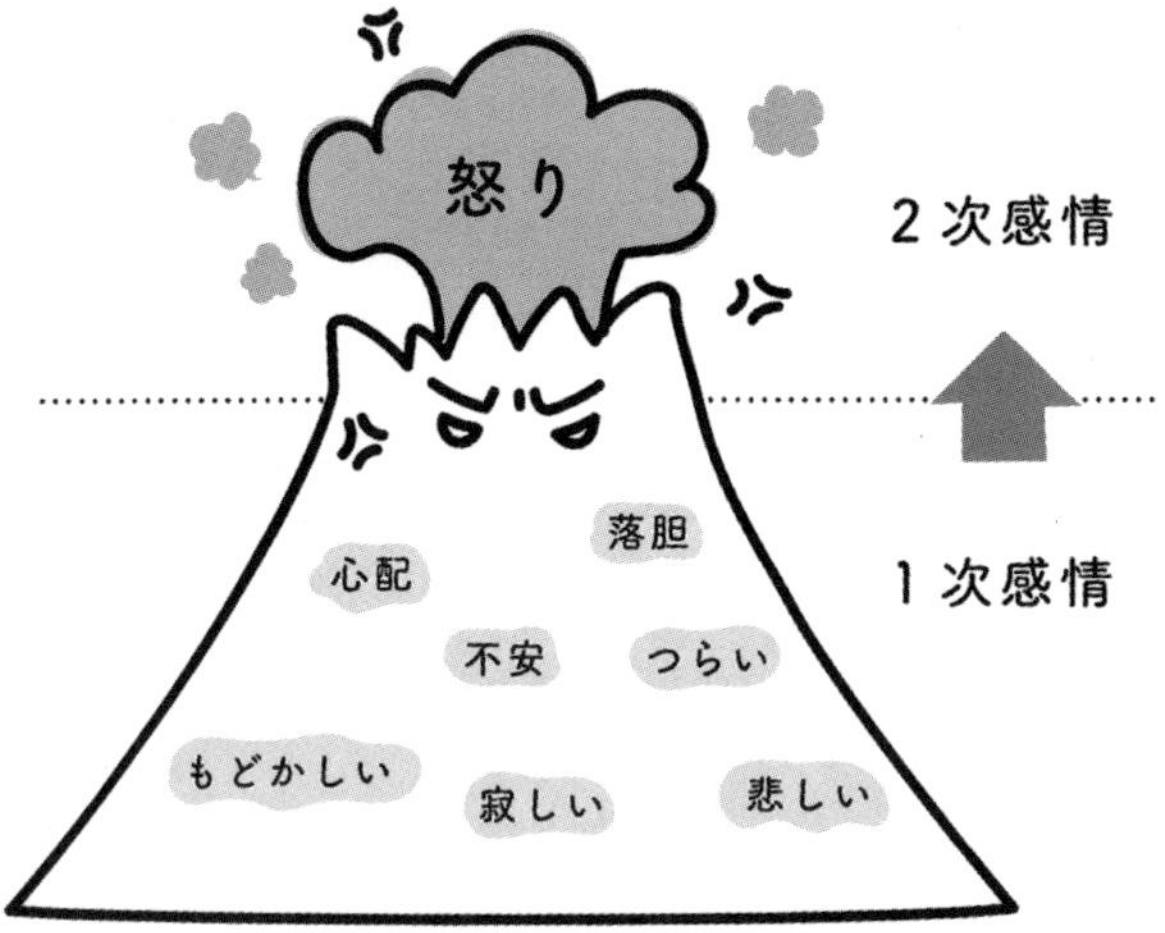

怒りのメカニズム〜怒りはどうやって生まれるの？

続いて、怒りの感情はどうやって生まれるのか怒りのメカニズムについても学んでいきましょう。心理学では、怒りを一次感情と二次感情と分けて考えます。怒りは二次感情（ニセモノの感情）です。

私たちは、怒りよりも先に「悲しい、心配、怖い、寂しい、落胆、不安、つらい、もどかしい」といった一次感情を抱きます。心の中に、悲しみや不安などネガティブ感情がいっぱいになることで生じるのが「怒り」なのです。

メカニズムだけ聞いてもピンとこないかもしれませんね。一次感情にはどういったものがあるのか、いくつか具体例をあげてみますね。

〈事例その①〉YouTubeを観たりゲームしたり終始スマホを手放さない息子にイライラし、怒ってスマホを取り上げた
↓毎日ゲームやYouTubeばかり見

て、このままだと依存症になるのではないか、この子の将来は大丈夫なのかと不安になった。もしかして遊ぶ友達がいないのではないかと心配になった。

〈事例その②〉子どもの帰宅が遅いことにイライラ。帰ってくるなり「何時だと思っているの！」「一体どこに行っていたの！」と叱りつけた↓事故にでも巻き込まれてないか、なにかあったのではないかと心配だった。

〈事例その③〉娘に似合いそうな服を見つけたので買って帰った。娘に渡すと「そこに置いといて」の一言だけだった。そっけない態度に無性に腹が立ち「買ってきてあげたのにありがとうの一言もないの！」「気に入らないなら返品するから返して！」と、カッとなって取り上げた↓喜んでくれると思ったのに、期待通りの反応ではなかったことに、ガッカリしたし、悲しかった。

〈事例その④〉体調が悪くソファーで横になっていた私に、普段どおり家事など要求してくる家族にイライラし「それくらい自分でやってよ！」と怒鳴った↓体調が悪いことに気づいてくれなくて、悲しかった。いつも私ばかりが頑張っている…と、むなしい気持ちになった。

怒りは一瞬で湧いてくるので一次感情に目を向ける暇がありません。

怒ったときこそチャンスです。怒りの奥に隠れている本当の感情はなんなのか気づけるようになるために、まずは起きた出来事を振り返るクセをつけましょう。

3　怒りの正体 その①：未消化の感情と満たされない想い

どうしてわかってくれないの？　わかって欲しいと思うことはないですか？

先ほどの事例からもわかるように、怒りの奥にはあなたの「本心」が隠れています。しかし、ほとんどの人が一次感情には目を向けていません。あなたも、相手に対して「どうしてわかってくれないの？」「わかって欲しい」と感じることはありませんか？

些細なことでキレてしまう人や、怒ることが慢性化している人は、心の中に「未消化の感情」や「満たされない思い」が、たくさん溜まっています。冒頭で「あなたのイライラは我慢では絶対に解決しませんよ」とお伝えしましたが、我慢するということは、あなたの本当の気持ちを「抑圧すること」になるのです。

我慢してしまうと、不満や満たされない思いが、さらに溜まっていくわけです。感情を押さえつけたり、放置したり、溜め込んだりしていると、抑圧し続けた感情は心の中でどんどん肥大し、やがて強い怒りにすり替わり、悲しみや不安などを怒ることでしか表現できなくなるのです。これが、怒るのをやめたいのにやめられない原因の1つです。

大事なのは、怒りにすり替わってしまった感情（本心）に、あなた自身が気づき、耳を傾けてあげることです。怒りを鎮める方法はいつだって「あなたの中」にありますよ。

「怒っている」ということを相手に、わからせたい母親たち

多くの方が「怒っていることを、わからせたい！」と切に訴えます。私は今「あなたのせいで怒っている」ということを相手にわからせたいわけですね。

しかし、ここで一度考えてみて欲しいのです。あなたは怒っていることを相手にわかってもらえれば満足感を得られるのでしょうか。あなたの心は満たされるでしょうか。

私たちは、怒っていること（二次感情）を、相手にわからせたいわけではないのです。本当の気持ち（一次感情）をわかって欲しいから怒っているのです。人に認めて欲しい、理解されたいという想いは、誰もが抱く自然な感情です。しかし、これらの感情も過度に抱くようになると人間関係で不具合が生じます。

相手にわかってもらいたいのであれば、相手が察してくれるのを期待して待つのではなく、自分から伝えることです。受け身ではなく自ら動くのです。そのためには、先ほどもお伝えしたように、怒る前に感じている自分の本心に、あなた自身が耳を傾け、気づいてあげること。そしてその想いを相手に伝えることですね。

人間関係の原理原則

「わからせたい」「思い知らせたい」という考えは、対等ではなく相手を見下した行為になります。夫婦関係は対等でなければうまくいきません。どちらかが上になったり下になったりしていては良

好な関係性は築けないのです。

親子関係も同じです。「子どもは親の言うことを聞くべき」といったような思い込みが強いと、お子さんとの信頼関係を構築することはむずかしくなるでしょう。

親子関係を改善しようとするとき、子どもを変えようとする人がいますが、絶対にNGです。これをやってしまうと、残念ながら親子関係が改善することも、お子さんの問題行動が改善することもありません。

あなたが、お子さんやご主人を変えようとすればするほど、相手は余計に反発し、状況はますます悪化していきます。

「どんなに頑張っても他者は変えられない、変えられるのは自分だけ」この原理原則を、まずはあなたの心にしっかりとセットしましょう。「子どもや夫は変えられない、自分次第で変えられることはなんだろう？」この考え方にシフトすることで、スルスル問題解決へ繋がりますよ。

4　怒りの正体 その②：「責められた」と受け取るクセ

相手の言葉は自分の受け取り方で変わります

あなたは「責められた」と、感じやすいことはありませんか？

他者と話すとき「自分のせいだと言われている気がする」「いつも自分が責められているように

感じる」これらは典型的なアダルトチルドレンの特徴ですが、怒るのをやめたいのにやめられないお母さんたちにも、高確率で他者の言葉を「責められている」と受け取るクセがあります。

無意識に感じているので、ほとんどの方が、自分にそのような受け取り方のクセがあることに気づきません。しかし、実際にこういった心理状態になっている人はとても多いのです。

私たちは、相手が発した言葉や表情、態度、行動を見て、瞬時に反応します。そして何らかの感情が生じます。人は皆、自分独自の感じ方、受け取り方のクセがあるのです。

＜あなたの無意識の心の動き＞

子どもや夫から「責められている！　否定されている！」と受け取った↓その結果「危険だ！　戦わなきゃ！」と脳が判断した↓自分の心を守るために怒りを発動させた。

日々の中でありがちなイラっとする例をいくつかあげてみますね。

〈事例その①〉冷蔵庫を開けた夫の「この牛乳、賞味期限が切れてるよ」の言葉にイラっとした。

〈事例その②〉子どもに「今日のご飯なに？」と聞かれただけで、なぜかイラっとする。

〈事例その③〉ご飯の最中の「今日の味付け濃いね」の一言にイラっとした。

〈事例その④〉「あっちのほうがいい」と、自分が選んだ物とは違う物を好む娘にムカっとする。

〈事例その⑤〉おむつを変えても、ミルクを飲ませても子どもが泣き止まないことにイライラした。

〈事例その⑥〉残業で帰宅が遅くなった。すると夫が「いつもより遅くない？」と言った。その一言にムッとした。


相手は「ただ言っただけなのに」と、こちらの反応を見て不思議に思うのですが、言われた側は「責められた、否定された、嫌味を言われた」と受け取っているので、互いの間にズレが生じます。

こうして自ら人間関係を壊していく～私の体験談

我が家は、夫の両親と二世帯同居（食事もお風呂もすべて別々）。義理両親はとても優しい人で、結婚前から娘のように可愛がってもらいました。嫌ごとなど一度も言われたことはありません。義母はよく働く人で、とにかくいつも動いています。その上、よく気がつく人。庭の草取りをしてくれたり、玄関前の花が枯れていたら植え替えてくれたり、溜まったペットボトルや缶などリサイクルに出してくれたりと、あげたらきりがないです。

しかも何も言わず黙ってやってくれているのです。「ゴミ出しといたわよ」「花が枯れていたから植え替えといたわよ」など一切言いません。側から見れば羨ましいことだと思います。もちろん私もそう思いますし、本当に恵まれている嫁だと思います。

しかし、当時の私は義母が何かしてくれるたびにモヤモヤして何とも言えない気持ちになっていました。最初はこの気持ちがなんなのかわかりませんでしたが、何度も感じているうちに次第にストレスを感じるようになっていったのです。「そこまでしなくていいのに…」「放っておいてくれたらいいのに…」とまで思うようになっていきました。そのように思ってしまう自分は最低だなと思いました。

時が過ぎ、当時感じていた不快な気持ちの謎が解けました。私は義母から優しくされるたびに「責められている」気持ちになっていたのです。

「どうしてこんなこともできないの！」「こんなにゴミも溜め込んで、本当にだらしない嫁だわ」そのように思われているのではないかと勝手に妄想してつらくなっていたんですね。「義母はそのようなことを言うような人ではない」と、頭ではわかっているのに、あたかも言われているかのように感じて、つらくなっていたのです。

義母が絡む話はこの他にもあり、夫や子どもが絡んでくると、私の中でさらに複雑になります。夫は「あのお菓子買っておいて」と頼んだり、スーツのクリーニングも「今度出しといて」と、義母に頼むことがあります。些細なことですが、私は夫が義母に頼むことがどうしても許せませんでした。

「私がいるのに、どうしてお母さんに頼むの！」と、食ってかかっていました。夫は「なぜ、それくらいで怒るの？」と不思議そうにしていましたが、当時の私は嫌で嫌でたまらなかったのです。これも「責められている」と受け取るクセが原因でした。「息子は、お菓子も買ってもらえていないのかしら」そう思われているように感じて、とても憂鬱でした。その原因をつくった夫に（夫が原因だと思い込んでいた）怒りの矛先が向かっていたのです。

子どもたちにとっても、義母は優しいおばあちゃんです。何かあると、すぐにおばあちゃんを頼る子どもたちを見ていると無性にイライラしました。特にイライラしたのは「子どもたちの送迎」です。親がいるのに、親の私は通り越しておばあちゃんに頼むのです。「おばあちゃんも暇じゃないんだよ！　おばあちゃんに甘えないで！」と、口うるさく叱ってきました。

怖いのは「子どもたちのため、躾のために必要なことだから言っているんだ」と思い込んでいたこと。しかし、これも「嫁は何しているの？　なぜ送ってあげないの？」と思われているだろうなと感じてつらくなり、その原因をつくる子どもに怒りの矛先を向けていたのです。

これらはほんの一部で、この他にも同じようなことは山ほどありました。些細なことに過剰反応し勝手に妄想を膨らませては落ち込み、夫や子どもたちのせいにし、毎日怒ってばかり。今こうして改めて振り返ると本当に恐ろしくなります。今は、ややこしく考えずに「義母に任せておけばいい」「やる、やらないは義母が決めることなのだ」と思えるようになりました。助けてもらったときには「ありがとう」と感謝の気持ちを伝えることができればそれでいいのだと思えています。

責められていると感じるのは「自分で自分を責めているから」

驚くかもしれませんが、人から「責められている」「否定されている」と感じてしまう人は「自分で自分を責めている人」です。

第1章の中で、私はかつて心理学に出会い学んでいく中で「私をずっと苦しめていたのは、周りではなく自分自身だったと気づけた」と、お伝えしたと思います。私はいつも「ちゃんとできない自分はダメな人間だ」「ありのままの自分ではダメだ」「あの人みたいにならなければ」と、自分を否定し、追い込むような生き方をしてきました。

頭の中に厳しい裁判官がいて、四六時中監視し不出来な自分を罰していました。義母から優しくされるたびに「ちゃんとできない自分」を見せられ、義母のようにできない自分に「罪悪感」を感じて苦しかったのです。

人から責められていると感じるとき、あなたの中のもう1人の自分が、あなたのことを責めているはずです。ちゃんとできない自分に「罪悪感」を感じていませんか?

先ほどの事例に当てはめてみますので、あなたも自分ごとに置き換えて考えてみましょう。

<事例その①>冷蔵庫を開けた夫の「この牛乳、賞味期限が切れているよ」の言葉↓「何やってんだよ、普通気づくだろう、勿体無いことするなよ」と、夫から責められているように感じて、無性に腹が立った。

<事例その②>子どもに「今日のご飯なに?」と聞かれた↓「まだご飯できてないの!」「遅いん

だよ！」と、責められているように感じてイラっとした。

〈事例その③〉ご飯の最中の「今日の味付け濃いね」→「今日のご飯いまいちだな、もっと美味しくつくれないのかよ」と否定されたように感じてムカついた。

〈事例その④〉「あっちのほうがいい」と、自分が選んだ物とは違う物を好む娘→「ママってセンスないよね、選ぶものがいつもダサいんだよね」と否定された、バカにされたような気持ちになり、イラっとした。

〈事例その⑤〉おむつを変えても、ミルクを飲ませても子どもが泣き止まない→子どもを泣き止ませることができない私は、ダメな母親だと責められているようで落ち込む。

〈事例その⑥〉残業で帰宅が遅くなった。急いで帰ったら夫が「今日遅くない？」と言った→遅くなったことを、とがめられたように感じた。「遊んで帰ってきたわけじゃないのに！」と思いイラっとした。


この例からもわかるように、相手の言葉そのままを受け取らず、頭の中で勝手に変換したり言葉を付け足していたり、否定的に捉えている様子がわかると思います。

ほとんどの方が、自分にそのような受け取り方のクセがあることに気づきません。事実は全然違うのに、あたかも本当に言われているかのように錯覚して、イライラしたり落ち込んだりしているわけです。自覚がないことが一番怖いですよね。

自分のせいだと思ってしまう心理

そもそも、なぜこのようなクセを持ってしまうのでしょうか。そこには「子どもの頃の経験」が関係しています。

子どもの頃に、親から無条件に受け入れてもらえた経験が乏しく、否定されることが多かったり、ありのままの自分を承認してもらえていないと、すべて自分のせいだと感じたり、他人からいつも責められているように感じてしまいます。

責められていると感じたとき、あなたが感じている感情は「怒り」かもしれませんが、怒りは二次感情（ニセモノの感情）で一次感情（本物の感情）には、あなたが幼い頃に感じていた「親にわかってもらえなかった悲しさ」「自分の考えを否定された悔しさ」「認めてもらえない寂しさ」など、さまざまな感情が沈んでいます。

自己否定感や罪悪感が強くなりすぎると、自分はダメな人間だと思うことがつらすぎて、感じることがあまりにもつらすぎると、今度は自分を正当化したくなります。「自分を責める相手が悪いんだ」と人のせいにし、絶えず誰かのせいにしようとします。自分は正しいと思いたいのですね（かつての私ですね）。

このようなことを繰り返していると人間関係がうまくいくはずがありません。何より、いつも誰かに責められたり否定され続ける世界は、とても苦しく生きづらいでしょう。

責められていると受け取るクセを改善したければ、あなたの心の中に眠ったままになっている心の傷を癒すこと。自分責めや自己否定を卒業すること、つまり自己受容ができるようになることです。

かつての私を救ってくれたのは「インナーチャイルドの癒し」と「自己受容」だったとお伝えしましたね（自己受容の育て方は第4章、インナーチャイルドの癒しは第6章で詳しく解説しています）。インナーチャイルドが癒され自己受容ができるようになると、相手の言葉に過剰に反応することが減ります。

相手の言葉を捻じ曲げることなく、次のように受け取れるようになります。

〈事例その①〉冷蔵庫を開けた夫の「この牛乳、賞味期限が切れてるよ」→「本当？　じゃあ、その牛乳捨てといてくれる？」

〈事例その②〉子どもの「今日のご飯なに？」→「今日のご飯は○○だよ」

〈事例その③〉ご飯の最中の「今日の味付け濃いね」→「そう？　いつもと分量間違ったかな～」

〈事例その④〉「あっちのほうがいい」と、自分が選んだ物とは違う物を好む娘→「確かに、そっちのもカワイイね！」「そういった服が好きなんだね」

〈事例その⑤〉おむつを変えてもミルクを飲ませても子どもが泣き止まない→自分を過度に責めない、困ったときは人を頼ることもできる。

〈事例その⑥〉残業で帰宅が遅くなった。急いで帰ったら夫が「今日遅くない？」と言った→「今日、残業だったんだ～疲れた～」

ありのままの自分を受け入れられたら、自分で自分を責めることがなくなります。自分を責めなくなると、他者とのコミュニケーションも自然と変わっていきます。人間関係の基礎の基礎は「自分と自分の関係」です。

安心して家族と過ごせるように「インナーチャイルドの癒し」と「自己受容」に、ぜひ取り組んでみてくださいね。

5　怒りの正体その③：「○○するべき、○○しなければならない」

怒りのスイッチ

多くの方が「他人が発した言葉や態度のせいでイライラしている、怒っている」と思っていますがそうではありません。相手の言動は「きっかけ」に過ぎず、怒りの原因は、お子さんやご主人ではなく「あなた」の中にあります。ここでは、あなたの怒りのもととなっている「怒りスイッチ」について詳しくお話ししますね。

あなたの中には「○○すべき○○しなければならない」といったマイルールが存在します。そのルールが目の前で破られたとき「怒り」は発動します。あなたの中には、どんな「○○すべき○○しなければならない」があるでしょうか？

〔○○するべき、○○しなければならないの例示〕

・人に優しくするべき
・人に迷惑をかけてはならない
・一生懸命頑張らなければならない、努力するべき
・時間は守るべき
・約束は守るべき
・自由に行動してはいけない
・人の意見に合わせなければならない
・人と仲良くするべき和を乱してはならない
・空気を察するべき、気を遣うべき
・親や目上の人を敬うべき、親に逆らってはならない
・一度はじめたことは最後までやり切るべき、簡単にやめてはならない
・わがままを言ってはならない

「○○すべき○○しなければならない」には、あなたの価値観、大切にしている考えが当てはまります。改めて自分の普段の生活を振り返ってみると、たくさんのルールがあることに気づかされます。あなたが頑なに守ってきたルールを目の前で破られた瞬間に、怒りスイッチが押されるわけですね。

子どもの頃のあなたが決めたこと

怒りスイッチのもとになっている、あなたの価値観や大切にしているものを「ビリーフ」といいます。ビリーフとは信念や信条、信仰、確信、信じることを意味する言葉です。心理学では特に「思い込み」としてつかわれています。ビリーフは実践プログラムの中でも、たびたび登場する言葉です。ビリーフには、あなたの才能や能力を引き出してくれるビリーフと、生きづらさの原因になっている不自由なビリーフと、2種類のビリーフが存在します（詳しくは第4章で解説しています）。

私たちは子どもを産んだ瞬間に自動的に母親になります。

しかし、多くの人が「子どもの心身の成長において何が大切なのか」「どういった関わりが望ましいのか」など、子育てについて無知のまま母親になります。まさか、母親である自分の心の土台が大事だなんて知りもしないでしょう。

私が母親になりたての頃はSNSなど存在していなかったので、ひよこクラブやたまごクラブといった育児雑誌を読んだり、何か困ったときに子育て本や専門書を読む程度でした。今私が実践プログラムで教えているような内容はどこにも載っておらず、知ることができませんでした。「もっと早くに知っていたら」と、とても残念に思います。

親子関係、夫婦関係の雛形となるもの

では、何を手本に、私たちは子育てをしているのでしょうか。やはり「自分の親」や「育った家

庭」が軸になっています。もし、自分の親が手本になるような人でなかった場合は「両親のような子育てはしない」と反面教師にするでしょう。

夫婦関係においても両親の影響を受けています。「自分の父親と夫」「母親と妻」を、無意識に比べていたり、自分の両親の夫婦関係のあり方、あるいは、「あなたと父親の関係」「あなたと母親の関係」などがパートナーシップの雛形になっているケースも少なくありません。

このように子育てや夫婦関係の悩みを丁寧に紐解いていくと、ほとんどが「育った家庭環境」に繋がっています。全然関係ないように感じる問題にも、子ども時代の経験を紐解くことで解決の糸口が見つかることは多くあります。

大事にしたい価値観は人それぞれ違います

あなたにも大事にしたい価値観があるように、お子さんやご主人にもそれぞれ大事にしたい価値観があります。家族といえどもそれぞれ違う人格なんですね。正しさは人の数だけあるということを心に留めておく必要があります。あなたにとって、本当に大切にしたいビリーフは手放す必要はありません。ただ相手に強要するのは違います。

先ほど、人間関係の原理原則についてお伝えしましたね。「どんなに頑張っても他者は変えられない、変えられるのは自分だけ」この原則を、ここでもう一度あなたの心の中にしっかりとセットしましょう。

頭では理解できるのに心が言うことを聞いてくれない場合

「価値観は人それぞれ違う」と聞いて「そうだよな」と素直に受け入れられる人であれば問題ありません。やがて怒りは緩和されていくでしょう。

しかし、怒るのをやめたいのにやめられない、子どもを可愛いと思えないお母さんたちは、学んだ知識を簡単には受け入れることができません。「べき、ねば」をたくさん握りしめており、ビリーフはとても頑ななものだからです。

「価値観は人それぞれ違う、自分と子どもは別々の人格だということも、頭では理解できるのに、どうしてもイライラしてしまうんです！　どうしても許せないんです！」と、みなさん同じことを仰います。気持ちはとてもよくわかります、かつての私も同じ状態でしたから。

例としてよくあるのが、子どもが「時間を守らない」「勉強しない」「だらしない」「頑張らない」などです。この状態の子どもが目に入ると、学んだことは一瞬でどこかへ吹き飛び、怒ってしまうのです。

母親の心理状態がエスカレートしていくと、イライラ、怒るだけにとどまらず、子どもの人格を否定するようなひどい言葉を浴びせたり、子どもが泣いて謝罪するまで叱り続けたり、痛めつけたくなる衝動に駆られたり、手をあげてしまうこともあります。

安心してください、あなたのそのイライラは手放すことができます。ここで、まず大事になることは「あなたが自分を変えたいと思っているかどうか」です。

今、思うようにできなくても、ここでは「できる・できない」は重要なことではありません。変わるためには、あなたが「どうしたいのか、どうなりたいのか」が、一番大切です。

もし、あなたが「子どもの価値観を尊重したい」「それぞれの価値観を大事にできる家族でありたい」と思うのであれば、その願いをしっかりと心に持って「インナーチャイルドの癒し」に取り組むことです。

なぜ、こんなにもビリーフが強く刷り込まれたのか。今の自分がつくられたルーツを知り、理解することです。

インナーチャイルドが癒されていくと、今の自分に必要のない思い込みや、あなたを苦しめる固定観念を手放すことができます。その結果、お子さんやご主人の言葉や態度に過剰に反応することが減ります。あなた自身が救われることで、ありのままの家族を受け入れられるようになります。

６　子どもの夜泣きに追い詰められた母親の叫び　～受講生の体験談

思い通りにいかない子育てに苛立つ日々

Ｈさんには「つい頑張り過ぎてしまう」クセがあります。完璧主義、０か１００か思考で、物事を柔軟に考えることができずにいました。そんな性格も相まってか社会人一年目に「うつ病」の診断を受けた過去があります。

Hさんには、3歳になる娘さんと1歳の息子さんがいます。子育てや家事など、至る所でストレスを感じていました。娘さんは感覚過敏があり、こだわりが強い子。そんな娘さんの子育てに手こずることも多く、自分の思い通りにいかない子育てに強いストレスを感じていました。息子さんは寝付きが悪く夜泣きもひどくて、乳幼児期ならではの悩みがありました。育児に協力的な優しいご主人が唯一の救いでした。

息子さんの夜泣きがさらにひどくなったことと、娘さんが幼稚園に通い始めたタイミングと、旦那さんの出張が丁度重なったことがあり、Hさんの心が悲鳴をあげ崩壊寸前になったことがありました。そのときのエピソードをご紹介したいと思います。

抱っこじゃないと寝てくれない、布団に置くと目が覚めギャン泣き、寝付きが悪い、夜泣きもしょっちゅう。0歳~幼児期の睡眠に関するお悩みを、お持ちのお母さんはきっと多いですよね。Hさんにとっても深刻な悩みでした。夜通し抱っこし、続けて眠れるのは1時間程度…そんなこともざらにあります。

娘は娘で、幼稚園に行きたくないと毎日のように泣いて訴えてくる。心身ともに弱っているときの、子どもの泣き叫ぶ声や癇癪は、想像以上にダメージを与えますよね。

娘さんは、Hさんの口調が強くなったり行動が早くなると、その変化を敏感に感じとり「優しいママになって!」と直球で訴えてくるそうです。優しくできてないことは自分が一番わかっているから、娘のその一言が、責められているように感じて本当につらくなるのです。

自分と何もかもが違い過ぎる母親への苛立ち

Ｈさんの疲労とストレスが頂点に達する中、タイミング悪くご主人の出張が決まり、心配したご主人がＨさんのお母さんに「手伝いにきてほしい」と頼んでくれました。救いの手と思いきや、実はＨさんにとって母親もストレスの種だったのです。

こちらから言わないと動いてくれない、自分を優先しがち。自分とはあまりにも違い過ぎる母親の行動の１つひとつを受け流すことができずイライラしてしまうのです。しかし今はそんなことは言っていられないと思い、母親に来てもらうようにしました。しかし、やっぱりイライラは抑えられませんでした。

息子は相変わらず、布団に置くとギャン泣き。言うことを聞いてくれない娘。気力、体力の限界と、さまざまなストレス要因が重なり、子どもたちに怒鳴ったり、暴言を吐くことが増えていきました。お尻をつねってしまうこともありました。「私がこんなだから、子どもたちがおかしくなっている」「私のせいだ」とひたすら自分を責め続けました。限界を超えたＨさんは、「別居して欲しい。このまま子どもたちと一緒にいると私も狂いそうだし、子どもたちもおかしくなっている。私が子どもたちを殺してしまうよりマシでしょ」と、ご主人に泣いて訴えました。

もうこれ以上、子どもたちを苦しめたくない。苦しい子育てから逃げたくなったのです。

つらい状況が続けば 誰もが冷静さを見失い 極端な思考になる

あなたはHさんの話を聞いてどう感じましたか？「Hさんの考え方は極端では？」「もっとラクにしたらいいのに」と思うかもしれませんね。確かにその通りですね。しかし、そう思えるのは、今あなたが平常心だからです。客観的に見ているからかもしれません。子育て中のお母さんの中には毎日つらい状況が続き、Hさんのように思い詰めている人も少なくありません。そのままにしておくと、無気力、無価値感に陥り、うつ病などの心の病気になってしまう可能性も多いにあります。

今回のHさんのように危機的状態の場合、心を整えようとするのは逆効果の場合があります。まずは、今何が一番つらいかを本人に聞き、つらい状況を、できるだけ早く回避できる方法を一緒に考えます。Hさんの場合、つらいとき、しんどいときに「ギャン泣きされること」が、一番つらいことだとわかりました。

子育てに悩むお母さんたちは、五感が敏感な人が多い印象を受けます。アダルトチルドレンも敏感な人が多く「泣き声」がとにかく嫌だと訴えることがとても多いです。子どもの泣き叫ぶ声は、頭に響きますし癇に障ります。このお悩みの場合、おすすめしているのが「耳栓」です。耳栓をすることで、泣いている子どもを受け止めることができるようになります。

お母さんの心身の安定が何よりも大切

耳栓と聞くと「子どもを無視することになりませんか？」と、罪悪感を持つ方もいますが、耳栓は完全に子どもの声を聞こえなくするものではありません。何を話しているか、子どもの声はちゃんと聞き取れます。

確かに、育児の専門家からすると耳栓は非常識なことかもしれません。しかし、私はそうは思いません。何らかの理由で、どうしても泣き声がつらいと感じる場合、まずはお母さんの心身を守ることが先決だと考えます。お母さんたちは、みんな「泣いている子どもを抱きしめてあげたい」という想いを持っています。でも、それができなくて苦しんでいるのです。

さらにヒアリングを続けていくと、やはり「寝られないことがつらい」とのことでした。Hさんの息子さんの場合、抱っこだと寝る、布団に下ろしたら目を覚ましてしまう、座って抱っこも比較的寝てくれることがわかりました。Hさんは「布団で寝かせること」に、過剰にこだわっていました。

しかし、少しでも「睡眠をとること」を優先に考えるなら、自分のこだわりを「気持ちはわかるよ」と理解し認めつつ、考えを少しだけ緩めることをおすすめします。何時間も抱っこして立ち続けるより「座って抱っこ」のほうが、お母さんも仮眠程度は取れますよね。その際、できるだけ座り心地のよい「リクライニングタイプの椅子」を買うことも視野に入れてみてください。身体がラクになれば気持ちもラクになりますよ。

精神的に追い詰められているときは、今のつらい状況を1つでもラクなものに変えることを優先に考えます。追い詰められているときは視野が狭くなり「もう何も道が残されていない」と思い込んでいることが多くあります。改善できる方法、つまり「選択肢がある」と思うだけで、希望が生まれ、つらい気持ちがスーッとラクになります。

心身がラクになることで幸せを感じられるようになる

Hさんも追い詰められていた状態から気持ちがラクになり、子どもたち2人を久しぶりに抱きしめました。子どもを、ぎゅーっと抱きしめたとき、温かい気持ちになりました。

今まで「手を洗って」「片づけて」「歯を磨いて」と、お世話に必死になって子どもたちを抱きしめていなかったことに気づきました。娘に「抱きしめるっていいね」「ぎゅーっていいね」と言うと「ぎゅーっていいよね」と言ってくれました。「娘も抱きしめて欲しかったんだな」と思いました。久しぶりに「幸せ」を感じられました…と、Hさんが話してくれました。

一生懸命で真面目な人は、子育てに完璧を求めては、育児書どおりにできない自分を責める傾向にあります。

自分を否定したり責めてばかりいると、子どもに対しても同じように、できてないところばかりに目を向け「できるようにしてあげなければならない」と脅迫的になってしまいます。

完璧主義なところを変えたいと思っても、長年のクセは急には変えられません。いきなり変えようとするのではなく、まずは完璧を求めてしまう自分や、頑張りすぎている自分に気づくことから始めてみてください。自分の状態を認識することが変わるための、初めの1歩なのですよ。

頑張っているお母さんたちが自分を認めて、今よりラクな気持ちで過ごせますように。

第3章　等身大の自分を愛すべき理由

1　等身大の自分の不在

「自尊心」とは

第3章では、「自尊心」や「等身大の自分」の存在が、生きていく上でどれだけ大切なことか。また、子育てにどんな影響を与えるのかについてお話ししていきます。

そもそも自尊心とは一体どういうものなのでしょうか。

〈自尊心とは〉

・自分には価値があると自分自身が思える感覚のこと
・自分のことを尊重する気持ち
・自分を大切に思える気持ち

自尊心には、あなたが自分自身をどのように捉えているか、どのように認識しているかが顕著に現れます。自尊心とは「セルフイメージ」とも言えますね。

あなたは「自分は価値ある人間」だと思っていますか？　自分のことを大切にできていますか？かつての私は、自分で自分を認めることができず「他人の評価が、自分の価値」でした。人からの評価を得られないと、途端に不安になり生きる価値がないとまで思っていました。

自分を大切にできているか？　など考えたこともなかったように思います。外側ばかりに目を向け、一番大切な自分自身には長いこと目を向けずに生きてきました。この状態こそが「自分を大切にできていないこと」なのだと、今ならわかります。

等身大の自分とは

私たちの心の中心には「等身大の自分」が存在します。等身大の自分とは「ありのままの自分」です。他人の評価によって左右されない、ありのままの、そのままの自分ということですね。

おそらく、本書を読んでくださっている方の多くは、自分の心の中に等身大の自分が存在しておらず、不在の状態になっています。「できる自分」と「できない自分」この２つの自分しか存在していないということです。

自尊心が低い人にみられる症状や特徴

次に、自尊心が低く等身大の自分が育っていないと、どんな問題が生じるのかを学んでいきましょう。わかりやすいものを、いくつかあげてみますね。

〈自尊心が低い人にみられる症状や特徴〉

- 人の言葉や態度に過剰に反応する
- 些細なことでプライドが傷つきやすい
- 劣等感に苛まされる（人と比べて優劣をつけて落ち込む）

プライドが高く自尊心が傷付きやすい人は
批判されると（批判されたと感じて）非常に傷つく。

・恥をかくことをとても恐れる
・身近な人を思い通りにコントロールしたがる

あなたにも思い当たることはありますか？

プライドが高く自尊心が傷つきやすい人は、批判されると（正確には、批判されたと感じている）非常に傷つくという特徴があります。自分の心の動きをよく観察していくと、他人の何気ない言葉に反応し、批判や指摘だと受け取って心が揺さぶられてつらくなることが、実は頻繁に起きていますよ。

このような状態に陥ったとき、反撃に出るタイプと、過度に落ち込むタイプの2つに分かれます。

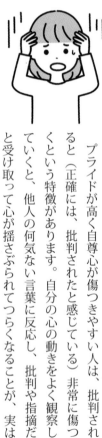

反撃に出るタイプの人は、自尊心が傷つけられたと感じると怒ります。相手に対してキレたり食ってかかったり反抗的な態度を表します。この仕組みは第2章の「怒りのメカニズム」で学びましたね。

対して過度に落ち込むタイプの人は、些細なことでも傷つき「自分はダメな人間だ」「自分には生きる価値はない」など、人格を否定するようなひどい言葉を自分に浴びせます。一度落ち込むと、苦しい状況からなかなか抜け出せません。

また、反撃に出るタイプと過度に落ち込むタイプの両方を持ち合わせている人も少なくありません。自尊心の低い人は、他人を自分よりも上か下か無意識に判断しています。「え！　私はそんなことしないわ」と否定したくなる方もいるかもしれません。ですが、よくある現象なのです。

自分よりも上だと判断した相手に批判されたと感じた場合は、萎縮したり、ビクビクしたり、過度に落ち込む傾向にあります。自分よりも下に見ている相手の場合は、反射的に反抗的な態度をとりますが、時間差で「やっぱり私のせいかも」と、じわじわ不安な気持ちが湧いてきて「やっぱり私のせいかも」「あのとき○○してれば」「○○と言わなければ」など、1人反省会がやめられません。どの場合であっても苦しい状況には変わりはないですね。

2　無自覚に子どもを傷つける「自覚のない毒親」たち

子どもは自分の内面を映し出す鏡

私は、常々「子どもは自分の内面を映し出す鏡だよ」と、お伝えしています。これは何を意味しているかというと、あなたが日々、自分のことをどんな風に見てるか、自分のことをどう扱っているか、自分への関わり方が、子どもに対する接し方にそのまま現れるということです。この原理からいくと、子どもに対して次のような感情を抱きやすくなるということです。

〈子どもは自分の内面を映し出す鏡だから…〉

・子どもの人間関係（友達、先生など）にも過剰に反応する
・子どものことであっても些細なことでプライドが傷つく
・我が子と他人の子を比較して優劣にこだわる
・子どものことでも恥をかくことをとても恐れる
・子どもを思い通りにコントロールしたがる

日々の自分の心の動きを、今一度じっくり振り返ってみてください。思い当たる節があるのではないでしょうか。これらの感情は、お子さんが成長し年齢が上がるに連れて、より強く感じるようになります。

「周りのお母さんたちは、なんであんなに大らかに子育てできるんだろう」「私は、周りのお母さんたちのように子育てを楽しめない」「子育てがしんどい」と、思っている方も多いのではないでしょうか。

自尊心が低いことで起こる弊害

幸せな人生を生きている人は、物事を選択したり決断する際には「自分はこうしたい」「こんな自分でありたい」「こんな生活を送りたい」など、自分の中にある純粋な欲求を起点に生きています。

しかし、自尊心の低い人（アダルトチルドレン）は、自分の欲求よりも「傷つかないこと」が何よりも優先すべきことだと考えます。「自分はどうしたいか？」よりも「これをやって傷つかないか」「これをやって恥をかかないか」と、傷つかない道を選択することに必死になるのです。これらは無意識にやっていることなので自覚のない人がほとんどでしょう。

親子関係やパートナーシップを改善したければ、まずはあなた自身が、純粋な欲求を起点に、物事を選択できるようになることです。あなたの幸せが家族の幸せにも繋がるのですよ。

自己犠牲の上に良好な関係性は築けない

この話をすると「自分の欲求どおりに生きるなんて、わがままじゃないですか？」「みんなが、好き勝手に生きたら家庭は大変なことになるじゃないですか！」このような声が飛び交います。中には怒りをあらわにする人もいます。

気持ちはよくわかります。かつての私も同じように思っていました。みなさんの言うとおり、母親である私たちが、子どもも家庭も省みず自由奔放に好き勝手に生きたら、それはそれで問題でしょう。度を越えればネグレクトにも繋がる行為ですので、現実的ではないですよね。

私たちは1人で生きているわけではなく、家族とともに生活していますよね。自分以外の他者と生活をともにするのであれば、相手の状況や気持ちも尊重することが必要になります。相手の立場や状況を無視して自分勝手な振る舞いをしていると他者との関係性に問題が生じやすくなりますよね。しかし、自分を犠牲にして相手を尊重した場合、それはそれでうまくいかないのです。

変わりたいのに変われない人の共通点、0か100かの思考

大事なのは「バランス」です。かつての私もそうだったのですが、実践プログラムの受講生の多くが「0か100かの思考」を持っています。0か100かの思考とは、白黒思考とも呼ばれるものです。

0か100かの思考の人は、物事を極端に考えるクセがあります。「するか、しないか」「言うか、言わないか」このように中間がないのです。等身大の自分が不在だと「できる自分」と「できない自分」この2つの自分しか存在していないとお話ししましたが、この状態も0か100かの考え方から派生しているもので、これだと家族との関わりの中でも極端な考え方をもつようになります。

先ほど「自分の欲求どおりに生きるなんて、わがままじゃないですか？」「みんなが、好き勝手に生きたら家庭は大変なことになるじゃないですか！」と、怒りをあらわにする人もいると、お伝えしましたが、この考えも、まさに「0か100か、物事を極端に考えるクセ」が発動しているわけですね。

1つ具体例をあげてみます。Aさんは親子関係で悩んでいました。ある日、Aさんが雑誌を読んでいると「親子関係やパートナーシップを改善したければ、あなたの純粋な欲求を起点に、物事を選択できるようになりましょう」と書かれている記事を目にしました。Aさんは「そうか。自分の

欲求を起点に動けばいいのか」と思いました。そのあとＡさんはどう考えるようになったか？　今度は「どんな状況でも自分を優先にすべき」と、極端に考えるようになったのです。

Ａさんのように、極端に考えてしまう人が本当に多いのです。当の本人は無意識にやっているのでカウンセラーに言われるまで気づきません。極端に考えるクセは、新たな「べき・ねば」を生み出してしまい、結局また違う悩みを生み出してしまいます。０か１００か、偏った考えではなく「必要に応じてバランスよく取り入れること」が大事なのです。

しかし、ここでまた新たな問題が出てきます。変わりたいのに変われない人は、「バランスよく」とか「柔軟に」とか、曖昧な表現がとても苦手なのです。他人が示した明確な正解が欲しいのです。世の中に出回っている改善方法やテクニックは抽象度が高く、１人ひとりの状態に合わせた具体的な内容や、細かいサジ加減までは記されていません。結局は、あなた自身が自分ごとに落とし込み自分なりにアレンジをすることが必要になるのです。自分の感覚を信用できないと、少しでもうまくいかないことがあると「あちらの方が正しいのかな」と、知識やテクニックをインプットばかりして、肝心なアウトプット(行動)ができなくなります。「これで合ってるのかな」と不安になれば、ますます行動できなくなります。この状態に陥ってしまうと、残念ながら改善までたどりつかないのです。

子育ての正解は親子の数だけあります。周りの正解に振り回されず、自分たち親子に最適な方法を選択できるように、お母さん自身の「自分軸」を育てることが大事になるのです。

幸せになること、ラクになることへの罪悪感

こういったケースもあります。「自分を大切にしましょう」「自分を満たしてあげましょう」と言われると、心がザワついたり、悪いことをしているような感覚に陥る人がいます。

自分にとっても家族にとってもよいことだと頭では理解できるのに、いざ実践しようとすると罪悪感に陥る場合は、第2章の中で少しお話した「ビリーフ」が、根っこにあります。「べき、ねば」といったマイルールが、あなたの心を不自由にしているのです(詳しくは第4章で解説しています)。

育児や家事が少しでもラクになる選択ができれば、お母さんの心に余裕が生まれます。その結果、子どもにも余裕をもって接することができるようになるのですが、子育てがうまくいかない人の多くは、「ラクになることは怠けていることだ」「お母さんなんだからこれくらいできて当たり前だ」と、無意識に自分を責めているのです。あなたをつらくさせているのは、他の誰でもない「自分自身」なのです。

過干渉な親に育てられた人の特徴

「傷つかないことが何よりも優先すべきこと」この生き方のクセは、子育てにも多大な影響を与えます。

このクセがあるお母さんは、子どもが傷つかないように常にパトロールし、何事も先回りして、安全な道を歩ませようと必死になります。これがいわゆる「過干渉」です。

過干渉な母親の根底にあるのは「心配や不安」です。子どもが傷つかないように、子どものためと思ってやっていることが、実は子どもの心身の成長や自律の妨げになっていることに一刻も早く気づかなければなりません。

親が過干渉になることで起こる弊害はたくさんあります。幼少期に親から干渉され続けたり、否定され続けた子どもは、自己否定感を抱くようになります。「ちゃんとできない自分はダメなんだ」「あの人みたいにならなければ」と、自分を否定するようになります。

子どもも自分で自分を責めるようになりますから、他人からの言葉を「責められている、批判されている、バカにされた」などと受け取るクセを持つようになります。要は、お子さんを「アダルトチルドレン」にしてしまう可能性があるということですね。

親が、先回りして口出しばかりしていると、子どもの自主性が（自分で考える力）育ちません。最初は誰だって自分の意志をちゃんと持っています。ですが、自分の考えをいつもいつも否定され「あーしなさい、こうしなさい」と支配的な関わり方を繰り返されるうちに「どうせ自分の考えは聞いてもらえない」「だったら言うのをやめよう」「考えるのも無駄だ」と、自分で考えることを放棄していきます。

次第に子どもは自分の欲求に蓋をするようになり、深刻化すると感情さえも感じないようになっていきます。「やりたいことも夢も何もない」と、やる気も気力もなくなり無気力な人間になっていくのです。怒られないように、傷つかないように親や周りの人の顔色を伺うようにもなりますね。

「子どもに幸せになってほしい」そう願うのは親として自然なことですよね。ですが、親が何もかも決めてしまい、失敗しない安全なレールの上を歩ませることが、果たして本当に子どものためになるのでしょうか。

「失敗」という貴重な経験を奪ってしまうことになりませんか？　極端に失敗を知らない子どもは、挫折に弱く心も折れやすい傾向にあります。就職活動や大学受験が思うようにいかず、そこから引きこもりになる事例もめずらしくありません。

子どもは、いずれ大人になります。子どもの頃に、散々支配し干渉しておきながら、大人になった途端に「なんで自分できないの！」「自分で決めなさい！」などと急に自立を求めるのは矛盾していますし無茶なことなのです。

あなたが既に、自分が過干渉だと気づいているのであれば、まずは「過干渉をやめる」と、自分で決めることです。そして、過干渉な親を卒業するには、根っこにある自分自身の「不安や心配」「コンプレックス」としっかりと向き合うことです。

「子どものため」は大きな勘違い

子育てに躓いた私が、心理学を学ぶ中で、とてもショックを受けたことがあります。それは「子どもを親の自尊心を満たすための道具にしている」という一節を目にしたときでした。

これまで子どもに対してやってきた自分の行いが、まさか「自分の自尊心を満たすため」だったなんて。頭をハンマーで殴られたような衝撃を受けたことを、今でも鮮明に覚えています。私は、無自覚に子どもの心を傷つける「自覚のない毒親」だったのだと気づきました。

最初は認めたくない気持ちもありました。そんなことはないと信じたかったのです。しかし、娘の子育てを振り返ると、認めざるを得ないことばかりでした。子どもを怒るのをやめたいのにやめられない真の理由をまとめると「自分の自尊心が傷つくことをとても恐れている」「自尊心が傷ついて嫌な気持ちになることを避けたい」以上、この2つに集約されます。

自尊心が傷ついて嫌な気持ちになることを想像しただけでつらくなる。つらいから「回避したい、早く解消したい」といった、母親自身の心理が強く現れます。

子育てで心が揺さぶられると、居ても立ってもいられなくなり、早くなんとかしたいと不安に駆り立てられ、心の平穏を取り戻そうと必死になるのです。自分自身のコンプレックスと向き合うことは簡単なことではありませんでしたが、自分の過ちに気づき改善できて本当によかったと思っています。

3　すでに「そこにある」幸せに気づく

doing・having・being

実践プログラムの中で、頻繁に登場する「doing・having・being」についてお話しようと思います。心理学やコーチングなど心の学びをしていると「doing・having・being」に行き着くことがあります。

「doing」とは、自分の行動、行為を表します。仕事をする、勉強する、勉強しない、YouTubeをみる、ケンカするなど、すべての行いを表します。

「having」とは、持ち物を表します。学歴、地位、家、キャリア、役職、容姿、人間関係も含まれます。「having」とは「being」の土台があって手に入るものです。

「being」とは、自分の存在そのもの。あるがままの自分、等身大の自分ですね。「ただそこに存在するだけ」とも言えます。マイナスでもプラスでもない、どちらにも傾かないニュートラルな状態を表します。

本来であれば、どんな行為をしても「being」あなたの存在価値は変わらないのです。あなたという人間は、ただそこに存在するだけで価値があるし、たとえ何もできなくても、あなたの存在そのものに価値があるのです。

しかし、ほとんどの人がそうは思っていません。「そこに居るだけでいい」とは思えないのです。要は自分の中に「being」が育っていないんですね。自分の中に等身大の自分が確立されていないのです。

よって、多くの人が「having」に囚われ、できるだけ多くのものを獲得しようと頑張ってしまうのです。「having」をたくさん獲得すればするほど、自分に自信がもてるのだと思い込んでいるのです。

この考えは、子育てにも直結します。「doing・having」を、とにかく重要視し、「having」を手にすることができれば、この子は幸せになれるはず。そう信じているので「doing・having」だけに価値をおいた子育てになるのです。

doing、havingばかりに囚われてしまうと…

もちろん「doing・having」も大切です。ですが、まずは人間の土台となる「being」がしっかりと育まれていないと人生のいろんな場面で問題が生じやすくなります。doing、havingばかりに囚われている人には、次のような傾向がみられます。

・いつも自分以上でなければと強迫観念に駆られる
・完璧主義で自分に厳しい
・些細な失敗も許せない
・自己否定や自分責めばかり
・人からの賞賛や評価がないと自分の存在価値を感じられない
・いつも人を優先し自分のことは後回し
・理想ばかりを追い求め、いつまでも心が満たされない
・不足感ばかりで充足感を得られない

・常に自分を監視し心からリラックスできない
・自分のミスが許せない人は、他人のミスも許せない

自分に対して寛容でない人は、子どもにも寛容にはなれません。自分に厳しいけど子どもには寛容だという人はほとんどいないです。自分のことを「厳しい」と自覚していない人も多いですね。

目に見えないもの（being）が目に見えている現実（having）をつくっている

あなたはこれまで、お子さんの「doing」「having」ばかりを育てようと頑張ってきたかもしれません。しかし、土台（being）の上にしか「having は積み上げられない」ということを、まずは理解してください。

イメージしてみてください。小さな土台の上にブロックを積み上げた状態と、どっしりとした大きな土台の上にブロックを積み上げたものとでは、どちらのブロックの山のほうが安定しているで

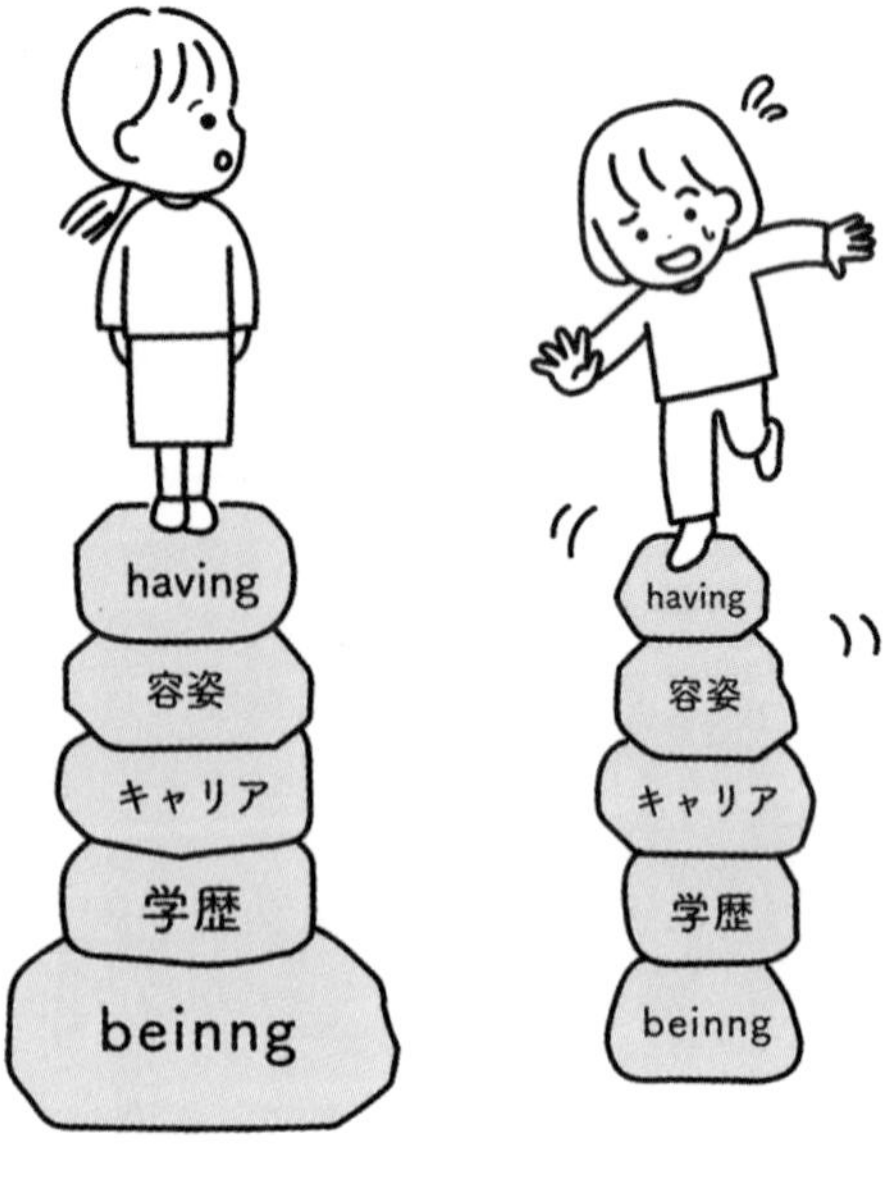

しょうか。言うまでもなく後者ですよね？

人生にも同じことが言えます。心の土台が育ってない状態で、がむしゃらに頑張って having を獲得しても、ほんの些細な失敗で積み上げたはずの物も一気にガラガラと崩れ落ちます。

「今の自分でも十分幸せ」「等身大の自分でも十分幸せ」このように、自分で自分を認められた状態が土台にある上で「もっと成長したい」「こんなことにも挑戦したい」と自分の素直な欲求を起点に頑張ることができる人は、充実した満たされた人生を送ることができます。

一方、等身大の自分が不在で不足感がベースにある人の場合は、「今の自分ではダメだから変わらなきゃいけない」「今の自分では認めてもらえない、だから頑張らなきゃ」と、頑張ることが苦でしかありません。

「doing」「having」は、変化しやすいものです。状況が変われば、持っているものがなくなったり、行動ができなくなることもあるわけです。たとえば、会社が突然倒産したり、リストラにあったり。病気や介護などで今まで通りに動けなくなることも当然あるわけです。

「doing」「having」だけに価値基準を置いている人は、非常に不安になりやすいです。そのため、稼いでも稼いでも安心できない人や、どれだけのものを手に入れても満たされず、走り続け疲れ果ててしまう人もいます。

側から見れば幸せそうに見える人でも、実は心が満たされておらず、いつも何かに追われているような生きづらさを抱えている人も少なくありません。

幸せには２種類ある

「幸せ」は2種類ある

幸せには、平常心で感じる「セロトニン、オキシトシンモードの幸せ」と、興奮状態で感じる「ドーパミンモードの幸せ」があります。ドーパミンモードの幸せは「高揚感」とも言えます。

幸せにも土台があって、幸せの基盤になるのが「セロトニンモードの幸せ」です。リラックスしたときや、癒されたときに出るのがセロトニン（脳内物質）です。セロトニンと同じく土台となるのが「オキシトシンモードの幸せ」オキシトシンは、家族や動物とのスキンシップやコミュニケーションによって分泌されるホルモンです。好きな人や大切な人との繋がりによって感じる幸福感が「オキシトシンモードの幸せ」です。

そして最後に、幸せの土台の上に積み上げていくものが「ドーパミンモードの幸せ」です。「havingによって感じる幸せ」というわけです。

子育てでいうと「子どもが試合で活躍できたとき」「志望校に合格できたとき」「他人から賞賛されたとき」このような場面で、親は「やったー！」と高揚感を得るわけですね。

スポーツがわかりやすい例ですね。子どもが活躍している姿を見たときに、親も興奮すると思うんですね。応援しているときって感情的になりますよね。興奮状態の中で子どもがいい成績を残せば、幸せを感じるわけです。

多くのお母さんたちが、このドーパミンモードの幸せを欲しがります。高揚感はクセになるのです。

しかし、高揚感は持続しないのが特徴です。高揚感がなくなると「また欲しい」と思うようになるのです。ドーパミンモードの幸せがやみつきになると「もっと欲しい」とさらに欲しがるようになります。過度に欲するようになると、かつての私のように子どもをコントロールしたり過干渉になる恐れもあります。

平常心で感じる、セロトニン・オキシトシンモードの幸せを感じられる自分にならなければ、不足感に苛まされるようになります。平常心で感じる幸せを感じられる自分になるには、まずは自己受容を育むことをおすすめします。

自己受容とは目に見えない「感覚」です。ですから、最初は誰もが雲を掴むような感覚の自己受容に苦戦します。本物の自己受容ができたとき、自分の内側からじわじわ〜と温かいものが湧き出てくる感覚になります。あなたの中に自己受容が育まれると、きっと今まで感じたことのない幸福感を感じられるはずですよ。

4　ありのままの自分に価値があると思えない方へ

ありのままの自分がわからない

カウンセリングをしていると「ありのままの自分が何なのか、beingがわかりません」と頭を抱える人が多くいます。さらには「何もできない、何もしない自分に価値があるなんて思えません」と嘆く人も多いです。

「何もしない、ただそこにいるだけで価値があるなんて思えない」この気持ち、とてもよくわかります。なぜなら私自身、「being」が理解できず、苦しんだ過去があるからです。「ありのままの自分で価値がある」という言葉は聞いたことがあっても、体感として感じたことがなかった私にとっては、雲を掴むような話でした。

私たちが、「being」を最初に感覚として身につけるタイミングは「幼少期」です。子どもの頃に親から「ありのままの自分を丸ごと承認してもらえた」経験を通して、私たちは「ありのままの自分でここに存在していいんだ」「ここに居ていいんだ」と、心の中に安心の土台を築けるのです。「何もしない、ただそこにいるだけで価値があるなんて思えない」という人は、何らかの事情で、幼少期に安心の土台を築けないまま大人になってしまったのでしょう。常に頑張っていないと、努力していないと、ちゃんとできる自分でないと、認めてもらえないと信じているのです。

ありのままの自分を無条件に受け入れてもらえることで育まれた安心感

機能不全家族で育った私は「ありのままの自分で存在していいんだ」と感じられたことは、ほぼないに等しいです。そんな私が「ありのままの自分で認めてもらえる」という経験を、人生ではじめて体験することになります。それは、夫や夫の両親との出会いでした。

夫の両親はいつも「お嫁さんにきてくれてありがとうね」「本当に感謝しているよ」と、何もしていない私に、たくさんの「ありがとう」や「優しさ」をくれました。夫の両親は私の「being」、私の存在そのものを受け入れてくれていたのだと、今ならわかるのですが、当時の私には理解しがたいものでした。

両親に優しくされるたびに、何とも言えない不快な気持ちになり居心地の悪ささえも感じていました。その頃の自分を思い出すと笑ってしまうのですが、「私は、お義父さんたちに感謝されるようなこと何もできていませんから！」と、ムキになって言い返したりもしていました。「私は何もできていないのに感謝されるなんておかしい」「なぜ、この人たちは、このようなことを言ってくるのだろう」と、本気で理解できなかったのです。相手の言葉をただ受けとるだけでいいのに、それさえも、当時の私にはできませんでした。こんな私でしたから当然、子育てでも「doing」「having」ばかりに囚われ、脅迫的になっていました。何もしない、ただそこにいるだけで価値があるなんて思えなかった私は「頑張らない、だらしのない娘は、大人になって生きていけない」と、本気で信じていました。

娘のためだと信じて疑わなかった私は、幼い娘に酷い言葉をたくさん浴びせてきました。身体的暴力はなかったとはいえ、心理的暴力は日常的に繰り返されていたと思います。

心理的虐待は、子どもの心を傷つけることを繰り返し言うことや、自尊心を傷つけるような言動をとったり、言葉で脅したり恐怖心を与えて、子どもに言うことを聞かせようとするなど、身体への暴力と比べると身近で起こりうる危険性がグンと高くなります。また、しつけとの線引きが難しいこともあって自覚しづらいことも多いかもしれません。

自覚がなかったとはいえ、過去の自分の言動を思い返すと後悔の念でいっぱいになります。タイムマシーンがあったら過去に戻ってもう一度やり直したい…しかし、それは叶いません。今は、後悔だらけの過去を受け入れ「母親として今の自分にできることを精一杯やっていこう」そう思えるようになりました。自分を責め続けていても「誰も幸せになれない」と、気づけたからです。

本書を手にとってくださったあなたには、私と同じような後悔をして欲しくないです。今からでも遅くはありません。子育てで後悔しないように、まずは自分自身と向き合うことから、はじめていきましょう。

5　スマホ依存、家庭内暴力、家庭崩壊の危機を乗り越えて～受講生体験談

ありのままの息子を受け入れられない

Mさんは中学生になる1人息子と夫と3人家族。Mさんは家族との関係性に悩んでいました。

息子さんが幼い頃から心身ともに健康に育つようにと、食事と睡眠にはとにかく気を配ってきたそうです。当時の自分は「過保護、過干渉な母親」だったと自覚していました。

可愛がるより、何事もきちんとやることを優先してきたので、息子を叱ってばかり。Mさんが家庭で笑顔を見せることはほとんどありませんでした。なんでも直ぐに行動しないと気が済まないMさんにとって、のんびりおおらかなタイプのご主人はイライラの種でした。自分ばかり育児、家事の負担が大きいように感じて、常に不満を抱えていました。

YouTube、ゲーム依存、親子の衝突が絶えない日々

息子さんが小学校の高学年になった頃、中学受験のために塾通いを始めました。それと同じ時期にゲームやYouTubeにハマりだし、息子さんの生活が乱れ始めました。生活態度や勉強に関してMさんの小言が増えるにつれ息子さんとの衝突は増えていきました。暴言を吐くMさんに対して、

息子も暴言を吐くようになり、時には手もあげるまで事態は悪化していったのです。

受験が終わり中学校に入学してからは、環境の変化によるストレスと思春期も相まってか、息子は情緒不安定になり、スマホへの依存も以前よりも悪化していきました。夜中もスマホを手放せないことから朝起きれず学校を休む日も増えていきました。そんな息子を見ていると不安で仕方ないMさんは、ついキツイ物言いをしてしまう。その言葉をきっかけに、息子さんもキレて壁を蹴ったり、物を床に投げつけたりMさんを蹴ったりと、ますます荒れていく一方でした。

最初は仲裁に入っていたご主人も、子どもへの関わりを変えられないMさんに、呆れるような態度を見せるようになっていきました。今まで何冊も育児本を読んでも、夫婦で話し合っても変わらなかったMさんのことを、今回も変わらないのでは…と冷めた目で傍観していました。

頭では理解できるのに 心がついていかない

実践プログラムがスタートしてからも、学んだ内容を頭では理解しているつもりでも、いざ息子を前にすると感情が先走り、行動に移すということがなかなかできず苦しんでいました。「今は息子との関係性が悪いから、まずは信頼関係を築き直すことからだ」と、ご主人からも口酸っぱく言われているけど、息子と2人になると、つい口うるさく言って、息子をキレさせてしまう。

怒りの衝動を抑えきれず何度も同じことを繰り返してしまう。衝突したあとは自分責めをして落ち込み、苦しい状況が長い間続きました。

生活態度も乱れ、昼夜逆転、スマホに依存している息子の、ありのままを受け入れることなんて到底できません。学校に行けないのは心が疲れているから、子どもに暴力をふるわせてはいけない、子どものことを信じられるのは親だけなんだと、頭では理解できるけど「怠けているだけだ」という思いは簡単に覆せないのです。

「まずは親から変わらなければ」とカウンセリングの場で言われることと、同じことを夫からも指摘され、できない自分を見ることは、とても苦しかったと思います。

それでもＭさんは諦めませんでした。自分自身と向き合い、この怒りや不安はどこからくるのか、なぜ大切な我が子を丸ごと受け入れてあげられないのか、丁寧に見つめていきました。つらくても自分から目を背けなかったのは、やはり「息子のことを無条件に受け止めてあげたい」嘘偽りのないＭさんの気持ちが、そこにあったからです。

自分が変わると息子も変わるということに気づいた

その後も自己受容にコツコツ取り組み、自分自身が感じているたくさんの不安や、自分を不自由にしている思い込み（ビリーフ）とも向き合ってきました。

息子さんに関しても以前のように口うるさく干渉するのではなく、伝え方を変えてみたり、スマホの使い方も家族３人で話し合う時間を設けたり。紆余曲折しながらも、今までとは違う関わり方を心掛けていくうちに、息子さんにも少しずつ変化が現れ始めました。

気持ちが安定している日が増え、学校にも休まずに通うことができたり、暴言や暴力もほとんど見られなくなっていったのです。Ｍさんが声を荒げないと、息子さんも機嫌がよく、リビングで雑談をする日も出てきたり、穏やかな日常が少しずつ増えていきました。

そんな息子の変化をみて、息子がスマホを手放さない、学校をたまに休む、部活に行かないことに腹が立つのは「自分が本当はそうしたいけど我慢しているから」なのだと改めて気づいたのです。私も、仕事を休みたくなる日もあるし、スマホを触ってのんびりしたい日もある。そんな自分がいたことに気づきました。

まだまだ不安がありつつも、そんな「不安もあっていい」と自己受容できる日も増えていきました。自分自身の心の変化も、息子さんの変化も素直に嬉しかったと思います。

年老いた両親の姿から学んだ、かけがえのない「being」

そんなＭさんに、さらに学びが深まる機会がおとずれます。それは、実家に帰省したときのことでした。県外に住んでいる両親は高齢で、Ｍさんの母親は長らく入院治療中。父親は１人での生活がなんとかできているものの、脚が悪く生活もままならない様子でした。

振り返ると、両親から何不自由なく育ててもらえたけれど、父親も母親も自分勝手でケンカも多く、家庭に緊張感のある機能不全家族でした。Ｍさんにはお兄さんがいるのですが、２人が実家から出て独立してからは、ますます両親の衝突は増えていきました。母親は精神的に不安定になる頻度が高まり、この10年ほどは入退院を繰り返し、家族は振り回される日々でした。

父親は年老いても変わらず自分勝手で短気なため、周りの人はどんどん離れていき、相手をしているのはMさんだけ。地元にいる兄夫婦はもう世話をしたくない様子で、正直もっと面倒見て欲しいけれど、両親の不仲やわがままに振り回されて苦労してきたことを知っているので、兄夫婦の気持ちも理解できるMさんは複雑な心境になるのでした。

気に入らないことがあると、大声で暴言を吐く父親に腹も立つけれど、同時にとても傷ついていました。帰省はいつも気が重いけれど、育ててくれた親なので面倒を見るのが当然だし、仕方のないことだと思っていました。

今回の帰省で、Mさんはさまざまなことに気づきました。まず、自分が父親に言われることを、そのままスライドさせ、同じように息子に言っていることに気づきました。また、息子の短気な性格が父親そっくりで、自分がその現実を引き寄せているのだと世代間連鎖を感じたのです。そして両親もきっと、世代間連鎖の犠牲者なんだろうなという目で見ることができたのです。

自分勝手な両親に苛立ちを感じながらも、どんどん弱っていく両親を見ることが本当は悲しかったのだと気づきました。いろいろ不満はあるけれど、やっぱり両親がいなくなることを想像すると悲しくなるのです。

「少しでも長く生きてほしい」そう思ったとき、ふと講座の中で学んだ「being」のことを思い出しました。何かができるから価値があるのではなくて、そこにいてくれるだけで大事な存在なのが両親なんだと、身をもって体感したのです。

Mさんは受講中「存在そのものに価値がある」being の意味が、どうしても理解できずにいました。

「べき、ねば」の規範が強く、息子さんに対する言動は愛情よりも厳しさが多いこと、一言一言注意が多く、しつけだと思っていたことは、不安や人の目を気にしてのものだったと気づきました。

生まれて初めてというくらい、たくさん自分自身と向き合ってきたMさん。卒業後は、息子さんとご主人と穏やかに過ごせる時間が増えているそうです。

責任感が強く心優しいMさん。自分を犠牲にすることなく、まずは自分を愛することを忘れないでくださいね。Mさんは幸せになるために生まれてきたのですから。

大丈夫、そのままのあなたで愛されていいのですよ。

第4章

誰も教えてくれなかった「ありのままの子どもを受け入れる方法」

1　ありのままの子どもを受け入れられない悩み

受け入れたい想いはあるのにどうしても心がついていかない

ありのままの子どもを受け入れることができない」こちらも、ご相談内容で多い悩みの1つです。具体的には「自分と異なるタイプの子どもを受け入れられない」「不登校、発達障害、HSC、うつ病など、子どもが何らかの問題を抱えているが、その状況を受け入れることができない」といったお悩みです。

そして、どちらの悩みにも共通しているのは「受け入れてあげたい想いはあるのに心がついていかない」という点です。いざ、子どもを目の前にすると反射的に怒ってしまったり嫌悪感が湧いてきたり、なぜか自分の意志と相反する行動をとってしまうのです。

発達障害、不登校、HSCのお子さんをお持ちの親御さんに関しては、必要な知識は十分学んでいる方が大半です。病院を受診したり、専門家のサポートを受けてみたり、同じ悩みをもつ親御さんたちが集うコミュニティーに参加してみたりと、ありとあらゆることをやってみたけど、それでも現状をなかなか受け入れることができず藁にもすがる思いでご相談にこられます。

子育てにおいて、ありのままの子どもを受け入れることが大事だということは、ほとんどの方が知っています。しかし、「ありのままを受け入れるという言葉は理解できるけど、どうやればいいのかがわからない」という方がほとんどです。「そもそも、ありのままを受け入れるとは、どういうことなのかもわからない」という方もいます。子育て本を読んでも具体的なやり方や、細かいことまでは記されていません。だから困ってしまうのですよね。

目に見えない心のあり方が
目に見える世界をつくっている

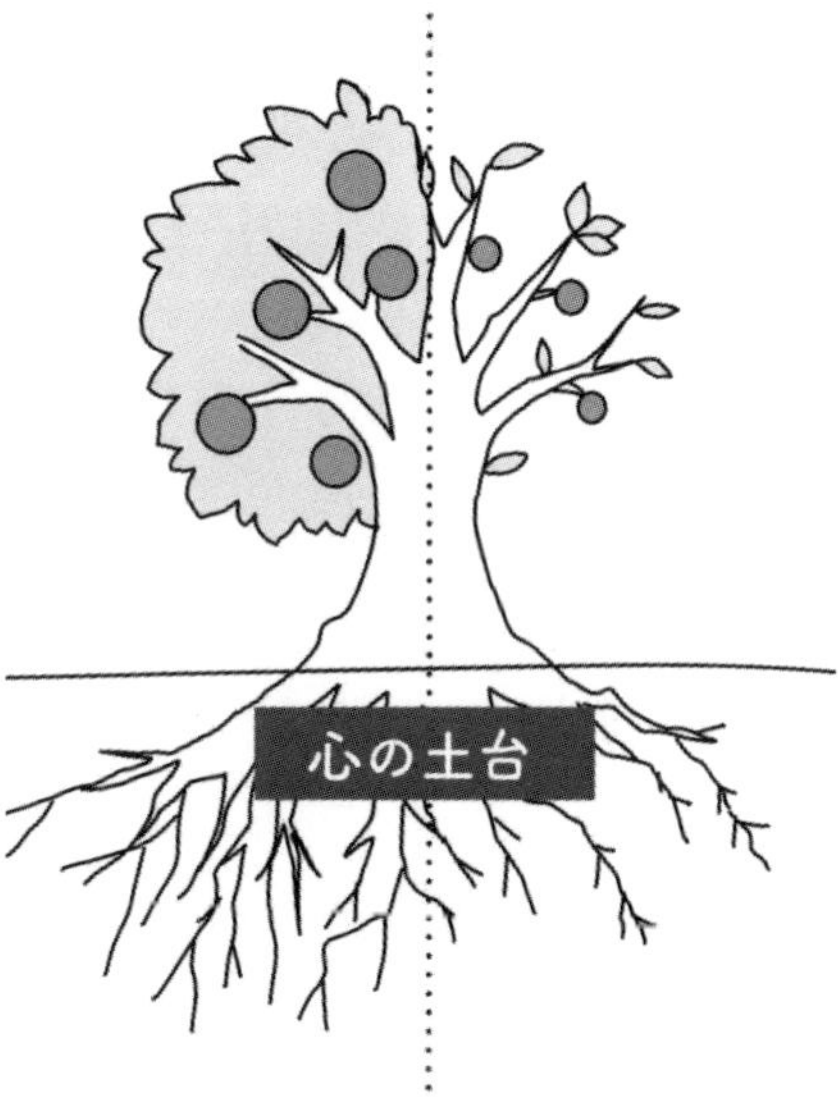

自己受容と他者受容は比例する

どうすれば、ありのままの子どもを受け入れられるのか、その方法を知りたいですよね。しかし、方法を知る前に、まずはあなた自身にこの質問を投げかける必要があります。その質問とは「ありのままの自分を受け入れることができているか」ということです。なぜなら「自己受容と他者受容は比例」するからです。

目にみえる現実世界には、あなたの心のあり方が現れます。根っこが腐っていれば木の葉や実も成りません。人間も同じで、自分は正しいことを行っているつもりなのに、なぜか現実がうまくいっていない場合、根っこ（心のあり方）に問題があると考えられます。

もし、ありのままの子どもを受け入れることができずに悩んでいるのであれば、自己受容ができていない可能性が高いと言えるでしょう。

第4章では「自己受容」について詳しく解説していきます。自己受容は、私が教える心の土台構築実践プログラムの核となるものです。私自身、自己受容との出会いが人生の大きな転機となりました。私だけでなく、多くのお母さんたちが自己受容を全くわからない状態から、実践とトレーニングを積み重ねることで自己受容ができるようになっています。

その結果、今まで何を学んでも何をやっても失くすことのできなかった子どもへのイライラや嫌悪感から解放され、穏やかな日常を手に入れていますよ。あなたが今、子育ての悩みを抱えていたり、自分自身の生きづらさに悩んでいるのであれば、ぜひ自己受容に取り組んでみてください。きっと解決の道が開けるはずです。

自己肯定感と自己受容の密接な関係

自己受容についてお話する前に、まずは自己肯定感について少し触れたいと思います。怒るのをやめたいのにやめられないお母さんの多くが、我が子の自己肯定感の低さを心配しています。「私のせいで子どもの自己肯定感を低くしているのではないか」と自分を責めています。

しかし、そもそも自己肯定感とは何なのか、改めて聞かれて明確に答えられる人は少ないのではないでしょうか。まずは本物の自己肯定感がどういったものかを知ってみましょう。

本物の自己肯定感とは「自分はこれでいいんだと思える感覚」のことを指します。もっと具体的に言うと次のような状態です。

＜自己肯定感とは＞

・外側からの評価で揺さぶられることなく自分で自分の価値を感じられること
・自分を自分で承認できる力のこと
・よいところもダメなところも全部含めてこれが私なんだと感じられること

つまり自己肯定感とは、自己受容ができている状態なのです。

あなた自身の自己肯定感が低く「私はこれでいいんだ」と思えていないとしたら、お子さんのことも「この子はこのままでいいんだ」とは到底思えません。子どもは自分の内面を映し出す鏡ですから、お子さんに対しても「この子はこのままでいいんだ」とは到底思えません。

自分の感覚に自信が持てないお母さんは、自分の子育てに自信が持てないのです。表面上だけ取り繕って、ありのままの子どもを受け入れようとしても、頭で考えてやっているだけなので、あなたの不安な気持ちや心配がすぐに溢れ出してしまいます。

人間関係の基盤になるのは「自分と自分の関係」そして、自分との関係が、親子関係や夫婦関係の雛形になるということを、まずは理解しておきましょう。

2 子どもの自己肯定感を育む方法

大事なのは「感情」を受容すること

子どもは、他者から受容してもらうことで自己肯定感が育ちます。本物の自己肯定感とは「自分はこれでいいんだと思える感覚」でしたね。子どもは、親や周りの人に自分が感じている気持ちや感覚を、そのまま受け入れてもらえることで、自分の感覚を信頼できるようになります。

たとえば、子どもが「○○が怖い」とか「○○が嫌だ」と感じていて、親に自分が感じていることを話したとします。そのとき「あなたは○○が怖いと思うんだね」「そうかそうか○○が嫌なんだね」と、親から受け止めてもらえると「自分の感じているこの感覚は間違ってないんだな」「これでいいいいんだな」と思えるわけです。

しかし、ありのままの自分を否定されたりダメ出しされ続けると、自分の感じている感情や感覚に自信がもてなくなり自己肯定感は下がります。たとえば、「ちゃんとしなさい！」が、口癖の母親がいたとします。この言葉を頻繁に浴びせてしまうと、子どもは「ちゃんとできない自分は受け入れてもらえないんだな」と、思うようになります。第3章でお話ししたように、人は存在そのもの（being）に価値があるのです。

しかし、ここで間違った思い込みが刷り込まれてしまうと、子どもの自己肯定感は育ちません。

ありのままの自分を受け入れられた子どもは自分を信頼できる大人になる

人は、ありのままの自分を無条件に丸ごと受け入れてもらえた期間があればあるほど、安心して自立していけるといいます。人生においてできるだけ早い時期に、この安心感を得られることが大事なのです。条件つきの承認（doing や having）ではなく「無条件に承認してもらえること」、つまり being を受け入れてもらえることが重要なのです。

人は誰でも「依存状態」から人生がスタートします。それが子ども時代ですね。子どもは親の助けがなければ生きていけません。

子どもが不安や恐れを感じたときに、親がその気持ちに気づいて抱きしめたり声かけをしたりしながら寄り添うなど日常の関わりが大事になります。そんな親子一体感の状態から徐々に自立し、大人になっていくわけですが、成長にしたがって友人、恋人、パートナーなど、お互いに受容し合う相互依存の関係で生きていくことになります。

互いに受容し合える関係が、健康的な依存関係なのですが、子どもの頃に親から充分に受容されていない人は、大人になっても無条件の愛や受容を求め続けます。この状態だと、いろんな場面で生きづらさを感じるようになります。その1つが「親子関係」です。

親になると、子どもを無条件に愛し受容する側の立場になりますよね。しかし、無条件に愛されたい欲求が満たされないまま大人になったお母さんは、子どもよりも自分に関心を寄せて欲しいと思うのです。子育てで大変な思いをしている私を認めて欲しい、私を労って欲しいという気持ちが溢れ出てしまうのです。子育てをしていて、理由のわからないイライラを感じたり、子どもに嫌悪感を感じるのはそのためです。子どもに嫉妬しているのです。お母さん自身が、親から受容された経験が少ないと、そもそも子どもを受容する必要性もわからないですよね。

子どもが健全に育つために必要なもの「母性と父性」

私は、自分が「毒親」だったことに気づいてから、自分を省みると同時に、子どもが健全に育っていくためには何が必要なのか、健全な家族とは一体どういった状態にあることなのかなど、子育てについても改めて学び直しました。それは、娘や息子のためでもありましたが、自分のためでもありました。子育てについて学び直すことが、傷ついたままになっている子どもの頃の自分を救うことにも繋がる気がしたのです。

学んでいく中で、とても心に残ったものの1つが「母性と父性」の話です。母性とは「受容、許容、承認」のこと。家庭内で、子どもや家族をあるがままに受け入れ、許し、認める力のことです。母性は子どもにとっての安らぎや心のよりどころを意味します。

父性とは「規律、約束、努力」約束を守ることの大切さや自制心など、社会で生きていく上で必要なことを子どもの成長に合わせて教えること。それが父性の力です。

子育てにおいて、母性と父性はどちらも必要なものだということは、誰もが理解できると思います。しかし、ここでのポイントは、母性と父性をどちらもバランスよく与えられていればそれでいいというわけではなく、「与える順序」が大事だという点です。

まずは母性を必要なだけ与えることが大事。母性をたっぷり与えて子どもの心が満たされた上で順を追って父性を与えていく。この順番が大切だということを知りました。

母性が欠落している子育て

半世紀にわたり児童精神保健の臨床に携わってこられた、児童精神科医の佐々木正美さんによると、出会ってきた数多くの非行少年たちの育ってきた家庭には、母性が大きく欠落しており、厳しい親のもとで生まれ育った少年少女が、非行に走る事例は本当に多くあったそうです。

佐々木さんは、たくさんの子育て本を世に出されていますが、子どもの発達や人格形成において「母性」はとても重要なものであるということ、子どもの年齢が何歳であっても「母性」は必要とする分だけ与えることが大事だと一貫して述べておられます。

はじめてこの話を知ったとき、私は大きな衝撃を受けました。なぜなら私のそれまでの子育ては母性が大きく欠落しており「父性に偏った子育て」になっていたからです。

その後、心理カウンセラーになり、多くのお母さんたちの問題解決のサポートをするようになってから、これは私だけの話ではないという現実を目の当たりにしました。子育てで悩みを抱えている方の多くが、かつての私と同じように父性に偏った子育てをしています。子どもの発達や成長のためには父性が大事だと思い込んでいるのです。

なぜ、このような現象が起きるのか。その理由は至って簡単です。母親である私たち自身が、母性の重要性を知らないからです。母性を土台にして生きてきてないからです。

母性と父性の話は、子どもだけでなく私たち大人にとっても必要なことです。母性をたっぷりと与えることで「心の中に安心の土台が育ちます」土台がつくられた上で「必要に応じて父性を与えること」この順序が私たち大人にも必要なのです。

しかし、多くの母親たちは父性に重きを置いた生き方をしています。母性は「甘やかすこと」だと間違った捉え方をしている人がとても多いのです。父性が大事だと強い思い込みがあるので、自分自身に母性を与えることに強い抵抗を示します。これでは、お子さんや家族への関わり方が一向に変わることがなく信頼関係を築くことも難しくなります。

当時の私は、子どもを産み母親になったからには、我が子を立派な大人に育てる義務があると思っていました。私の中の「立派な大人」の定義は、人前に出しても恥ずかしくない、ちゃんとしている人。だから「ちゃんとしなさい！」が私の口癖でした。ちゃんとした大人に育てるために必要なものは、規律、約束、努力といった父性だと思っていて、恥ずかしながら私の中に母性など存在していませんでした。

今振り返ると、本当に自分のことしか考えていない母親だったと思います。「感じのよい子だね」「○○ができてすごいね」「優秀だね」「思いやりのある子だね」と、周りからの賞賛が欲しかったんですよね。子どものためと言いながら、子どもを通して自分が誇らしくなりたかった、自分の子育てを褒めて欲しかったのです。自分の過ちに気づいてからは、子育てに対する価値観や考え方を改め、ずっと目を背けてきた自分自身と、たくさん向き合ってきました。

現在は、母性と父性の話も腹落ちできており、自分の中に母性（心の土台）をしっかりと育むことができています。自分の内面が変わることによって、子どもたちへの想いも自然と変わっていきました。親の期待に応える人生ではなく、子どもが望む人生を生きて欲しい。見せかけではなく、心の底からそう思うようになりました。

受容することや許容することは、子育てにおいても家庭においても、そして自分自身にとっても、とても大事なことです。受容することは決して甘やかすことではないということを体得できるまで、時間がかかるかもしれません。これまで何十年と信じてきた考えを、新しく修正し直すことは簡単なことではないです。しかし、人間の土台となる大事な部分だからこそ、気づいた今から育て直すことが必要ですよね。

人間が幸せに生きていく上で最も大切なもの「愛着」

子どもが健全に育つために「受容、許容、承認」が大事だと知ってから、さらに学びをすすめていくと、次に目に止まったのが「愛着」でした。人間が幸せに生きていく上で最も大切なものは「安定した愛着」だと言われています。愛着は人格の最も土台の部分にあたります。

そもそも愛着とはどういったものなのでしょうか。心理学における愛着とは、特定の人との間に形成される情緒的な結びつきのこと、人と人との絆を結ぶ能力のことを指します。専門用語では「アタッチメント」とも呼ばれます。愛着は、先ほど学んだ「母性」にも通ずるものだと思ってください。愛着形成においては、生まれてから3歳ごろまでの乳幼児期が極めて重要だと言われているとから、多くの場合、愛着は母親との関わりの中で形成されるものだと考えられています（なんらかの事情で母親がいなかった場合、母親の代わりとなる存在が対象となります）。

愛着は、親からの充分なスキンシップや、自分の欲求に無条件に応えてもらう経験を通して、充分に無条件に愛されているという実感を基盤に育まれるものです。

子どもは親子間の愛着形成から、人を信じ、自分を信じていきます。これはどういう意味かというと、親から無条件に愛されることで「自分は人から愛される存在だ」「私は人から大切にしてもらえる」といったような、「根拠のない自信」が育つわけですね。

一方、親から無条件に愛された経験の少ない人は、愛着形成が不安定なまま大人になるわけですが、無条件に充分に愛された経験が乏しいわけですから、「自分は愛される存在だ」とは思えず、当然ながら、自分の心の中に根拠のない自信もありません。

そうなると、さまざまな生きづらさを抱えやすくなるわけですね。「自分は人から嫌われていないか過度に気にしてしまう」「人に気を遣いすぎて疲れてしまう」「些細なことで傷つきやすい」このような悩みを終始抱え、人との距離感もつかめず、他者との間に親密な関係をなかなか築けません。自己評価がとても低く、人にどう思われているか、自分は人に受け入れてもらえているか、ちゃんと愛されているか、相手の気持ちを確かめないと不安で不安で仕方がないのです。

実践プログラムは、さまざまな年齢のお子さんをもつ親御さんが受講されていますが、お子さんの年齢によって、当然ですが相談内容も変わります。思春期以降のお子さんの場合、子ども自身が問題を抱え、その対応に悩むケースが多くなります。心の病を抱えたり、親子逆転、家庭内暴力、金銭トラブルなど、これまで私がサポートしてきた中でも、さまざまなケースがありました。お子さんが人間関係のもつれから警察沙汰になるような事例もありました。

愛着がどういうものなのかを知っても、実際にはそれがどんなものなのか、どれだけ重要なものか、体感までは得られないことのほうが多いと思います。私自身、愛着不安を抱えていましたが、今の自分にどのような影響を与えているのか、愛着がどれだけ重要なものなのか、本当の意味で理解するのは簡単なことではありませんでした。自己受容同様、時間をかけてゆっくりと掴んでいった感覚の1つです。

私だけでなく、受講生の中にも愛着の問題を抱えている方は少なくありません。愛着は乳幼児期に身につけるものだとしたら、大人の自分はもう手遅れなのでは？　と不安に思う方もいると思います。ですが、私は大人になってからでも全然遅くないと思っています。なぜなら何人もの受講生たちが変わっていく姿を間近で見てきたからです。

本書では、心の土台を形成するために必要なことのすべてを、包み隠さずお伝えしています。何度も何度も読み返し、自分ごとに置き換えて考え、できることから取り組んでみてくださいね。

3　自己受容を育む

自己受容とは何か

お待たせしました。ここからは自己受容について詳しく解説していきますね。そもそも自己受容とは何か？という話からですが、自己受容とは、文字の通り「自分を受け容れること」です。自分のよいところもダメなところも、好きなところも嫌いなところも、どんな自分もあるがままに受け容れること。否定も肯定もせず、ただそのままの自分を受け容れること。これが自己受容です。

自己受容とは「否定も肯定もしない、ありのままの自分を受け容れることなんだ」と知ったとき、ほとんどの方が自己肯定感と同様「ポジティブで前向きな状態」をイメージします。

しかし、自己受容とは「自分を好きになること」でもないし「自分を肯定すること」でもありません。たとえば「自分にはこんなよいところがある」「大丈夫、私はよく頑張っている！」これらは自己受容ではなく「自己肯定」です。

頑張ってもうまくいかないそんなときは
あるがままを受け入れるスキルを身につけよう。

自分を褒めたり、肯定することも、あなたが本心で思えているなら問題ありません。しかし、「前向きに考えなきゃ！　ポジティブに考えなきゃ！」と、自分のことを無理に肯定しようとしているのであれば注意が必要です。本心で自分を肯定できていなければ一瞬ラクになるだけで、またすぐに、つらい現実が押し寄せてきます。

自分のことが好きではないのに無理に好きにならなければと思うのは結構つらいことです。私は、自己受容を学び実践していく中で、必ずしも「自分を好きになることが重要ではないんだ」ということに気づかされました。

自己受容でラクになれること

いつも同じことで繰り返し悩んでいる、

頑張っているはずなのに人生がうまくいかない、このような状況に陥っている人は、その人の中に「受容する力」が欠如している場合が大半です。人生には、自分がどんなに頑張っても変えられないことがあります。そこで「受け入れる力」が重要になるのです。

自己受容できるようになると、このような状態になれます。

・心に余裕が生まれる
・自責グセや自己否定から解放される
・無価値感や劣等感を感じる自分を受け入れることができる
・他人の目を気にして他人に振り回されることがなくなる
・自分に対しての失望感を感じることが激減する
・自分の一番の味方になってあげられる
・自分軸が確立する「私はこれでいいんだ」と思えるようになる
・自分に優しく寛容になれる、その結果、他者にも優しく寛容になれる

私たち人間は生きている限り、さまざまな感情を感じます。断言します！　ポジティブ感情だけを感じる人になるのは不可能です。そして、その状態はとても不健康だということに気づいてください。「自分を変えたい」あなたのその願いは「あるがままの自分を受け容れること」自己受容で叶います。

自分は役に立たないと思う「無価値感」とは

人から認められていない自分には価値がないと思うと、私たちは「無価値感」を感じて辛くなります。子育てであれば、理想の母親像には程遠い現実や、うまく子どもと関われない自分を目の当たりにしたとき、無価値感を感じます。「こんなこともできない自分は母親失格だ」「私は母親になってはいけない人間だったんだ」などと、人格を否定するような声を自分に浴びせます。

無価値感を感じると本当に苦しいです。無価値感も放っておくと重症化し、うつ病などの心の病を発症する可能性もありますので注意が必要です。

実践プログラムの受講生の中にも、変わりたいのに変われない自分を責め続け、自己否定をし「自分はここに居る意味がない」「消えてなくなりたい」「死にたい」などと思いつめ、深刻な状態にあった人もたくさんいました。そのような方でも、自己受容ができるようになれたことで、どん底まで落ち込むようなことはなくなり自己否定感や自分責めから解放され、笑顔を取り戻していますよ。

妬み、嫉妬、苛立ち、人の心を歪ませていく「劣等感」

人と自分を比べて私はダメな人間だ、私は人より劣っている。このように感じることを「劣等感」といいます。劣等感を強く抱くと、自分の弱点や欠点ばかりに目が向いてしまい、嫉妬、妬み、苛立ちといった負の感情でつらくなります。

嫉妬や妬みは誰もが自然に抱く感情であって、感じること自体は決して悪いことではありません。

嫉妬は「本当は自分がやりたいこと」「こうなりたい」といった自分の本心に気づくキッカケにもなります。

しかし、劣等感を強く感じたり、あまりにも頻繁に抱くようになると、自己嫌悪に苦しんだり自己否定を繰り返すため注意が必要な感情だといえます。

私自身、長いこと劣等感に苛まされてきました。以前は、夫にさえも強い劣等感を感じていました。夫は誰にでも優しく温厚な性格で、いつもたくさんの人に囲まれていました。私もそんな夫の人柄に惹かれたはずなのに、誰からも愛される夫をみると、自分のダメなところばかりに目が向き自尊心が傷つきました。「旦那さん、優しくて本当にいい人だよね。うらやましい」と、どこにいっても夫のことを褒められました。その度に「それに比べて、あなたはダメね」と言われているような気がして勝手に落ち込みました。

「無価値感も劣等感も感じていい」そう思えるようになることが真の克服

無価値感も劣等感も感じることがとても苦しくて、当時は感じない自分になりたかった。ずっと「失くしたい」と思っていたんです。「無価値感や劣等感を感じてしまうから、私はつらいんだ」と思っていたのですよね。でも、そうではないことに気づいたのです。

無価値感や劣等感といった感情自体が問題ではなくて「私はそう思うんだな」「その気持ちは、あってもいいんだよ」と、思えないこと自体が、自分を苦しめていたんだということに、あるとき気づいたのです。無価値感や劣等感を感じてしまったときには、感じてしまう自分を丸ごと受け容れて、自己受容しました。そうすると不思議と無価値感や劣等感を感じることが減っていったのです。これには本当に驚きました。これらの気づきと経験によって「無価値感や劣等感を感じてしまう自分を変えるのではなく、受け容れることが大事なのだ」と、心から腹落ちしました。

多くの人が「自分を変えなければいけない」と思っています。しかし、自分を「変えること」を目標にしてしまうと永遠に変われません。「感情を感じないようにしなければ」と思っている間は、失くすことに囚われているので、常に劣等感や無価値感を感じていないか、自分を厳しく監視するようになります。そうすると、ほんの少しでも無価値感や劣等感を感じただけで「ダメな私」と落ち込み、いつまでたっても変わることのできない自分に絶望感を感じ、つらくなります。

そもそも、湧いてくる感情を失くすことはできないのです。感情を抑圧したり失くそうとすればするほど、ネガティブな感情は解消されず、あなたの心の中でますます強くなっていきます。「どんな感情もあっていいんだよ」「今は、そう思っているんだね」と、どんな自分も丸ごと受け入れることができるようになることこそが「真の克服」なのです。まずは、あなたの中の目標設定を変えてみてください。無価値感や劣等感も「あるよね」と思えるようになると、感じてしまう自分に過剰に反応しなくなるんですね。そうすると、無価値感や劣等感といった感情が、自分の中にあっても問題じゃなくなるわけです。「気にならなくなる」のです。どんな感情も「感じていい」「そう思うこともあるよね」と思えるようになることで、苦しかった心が驚くほどラクになりますよ。

4　自己受容のやり方を学ぼう

自分の中にいる「もう1人の自分」を育てる

私たちの心の中には「もう1人の自分」が存在します。「え？　もう1人の自分なんて存在しません！」と驚く人もいると思いますが、もちろん、あなたの中にも存在しています。これまであなたが目を向けていなかっただけで、昔も今もずっとあなたの心の中に、もう1人の自分は存在していたのです。

私たちは、日々「嬉しい、悲しい、ワクワク、がっかり、腹がたつ」など、いろんな感情を感じています。感情を感じる以外にも、行動(doing)している自分もいます。たとえば、洗濯している自分、子どものお世話をしている自分、一生懸命頑張っている自分、仕事を休んだ自分など。あなたが何かを感じたり行動している様子を、もう1人の自分がいつも観察しています。

自己受容ができるようになるには、あなたと、あなたの心の中のもう1人の自分が「仲良し」であること。これが大切なんですね。あなたがどんな感情を感じていても、どんな行為をしても「私はそう感じているんだな」「今、私はそうしたいんだね」と、すべてを受容すること、ジャッジせずに、ただ受け入れること、この状態が仲良しであるということです。

自己受容ができるようになるには「もう1人の自分」がカギとなります。実践プログラムでは、この「もう1人の自分」を育てることに取り組んでいきます。実際にどのように育てていくのか、手順もお伝えしますね。

セルフトーク（自分との対話）を変える

最初に取り組むことの1つに「セルフトーク」があります。セルフトークとは、文字通り「自分との対話」のことです。私たちは24時間３６５日、もう1人の自分と絶えず対話をしています。自己受容ができていない場合、この「セルフトーク」が、とても厳しいトークになっています。あなたの中に厳しい親や監督が棲みついているイメージです。

たとえば、目標に掲げたことを達成できたときや、自分の思い通りに物事が運んだときなど、このような場面では、誰もが思いやりのある優しいセルフトークをしていると思います。「よく頑張ったね」「やったね！」「嬉しいね」といった感じですね。

では、もし真逆の場合はどうでしょうか。目標が達成できず失敗に終わってしまったり、思い通りに物事が進まなかったとしたら、そのようなときでも自分に思いやりのある優しいセルフトークができるでしょうか。「周りの人はみんなちゃんとできているのに…なんで私はできないんだ」「できない自分はやっぱりダメな人間だ」「努力が足りない！」「甘えるな！」など、落ち込んでいる自分に、さらに追い討ちをかけるような言葉を投げつけていないでしょうか。失敗して落ち込んだ場面や、つらい状況に陥ったときの自分の心の動きを思い返してみてくださいね。

セルフトークが変わらない限り、その苦しみからは抜け出せない

自分を変えたいと必死になっていた当時は、あらゆることを学び実践してきたつもりでした。しかし、私の思うような変化は一向に得られなかったのです。よくなるどころか、身体にも異変が起きはじめ、事態は悪化する一方でした。

こんなに頑張っているのになぜ変われないのか、ずっと原因がわからず苦しかったのですが「セルフトーク」の存在をはじめて知ったとき「そうか！　これか！」と衝撃を受けました。まさに目から鱗が落ちた瞬間でした。

人間の身体は正直です。心の声を無視して走り続けていると、身体に症状が現れるようになります。かつての私がまさにそうだったのですが、仕事で悩み行き詰まっていたとき、本心では「しんどい、苦しい、怖い、もうやめたい、休みたい」と思っていました。しかし「ここでやめたら今までの頑張りが無駄になるだろ！」「やめたら負けだ！　もっと頑張れ」と、自分を追い込むようなセルフトークをしていました。

この声に従って走り続けた結果、突然、社交不安障害の症状が現れたのです。心の状態は目には見えません。自分自身を守れるのは自分の「感覚」だけです。人間の身体はとてもよくできていて、自分の心が発しているＳＯＳを軽視していると、目に見えるカタチで問題が起きるようになっているのです。

自分の身体に現れることもあれば、家族の誰かが肩代わりすることもあります。よくあるのは、

子どもが不登校になったり心に問題を抱えるケースです。子どもが不登校になる原因が100%親にあるというわけではありません。しかし、子どもの身に起こった問題は「家族の問題」として、親も自分と向き合うことが必要になります。

自分としては、励ましたり力づけているつもりなのに、子どもは一向に回復に向かわない…それどころか、どんどん悪化している。なぜなのか…と、原因を調べているうちに「自分自身と向き合うこと」の必要性を知るケースは多くありますね。

お子さんや、ご主人が心を痛め苦しんでいるとき、家族が与えてくれる母性（受容、許容、承認）が、何よりも力になります。一方、父性（規律、約束、努力）では、心の回復を妨げてしまい、問題解決からどんどん遠ざかってしまいます。

つらいとき、苦しいとき、自分が窮地に陥ったときこそ、この「セルフトーク」が大事になります。セルフトークは自分にだけでなく、家族とのコミュニケーションにも影響を与えています。あなたが自分自身に母性を与えられていなかったり、セルフトークが受容的なものでない場合、子どもや家族に母性を与えることはできません。普段のセルフトークが家族とのコミュニケーションにも直結しているからです。

いくら頭で理解していても、自分が心から必要だと思えていないもの（母性）を与えることはできないのです。子どもとの関わり方を学んだり、コミュニケーションスキルを学んだり、知識やテクニックばかりを取り入れても、肝心なセルフトークが、自分を痛めつけるようなものであれば、悩み解決には至らないのですよ。

自己受容のやり方

自己受容を身につけるために、セルフトークの練習に取り組んでいきましょう。その手順は次のように行います。

<自己受容の手順>

①自分の心の中に沸いてきた感情や自分の行為を、あるがままに見つめる（セルフモニタリング）

②①で見つめた感情をおうむ返しする、共感、受容的な声かけをする

③自分責めや自己否定感が沸いてきたら、またそこから①②を繰り返す

①まず、最初に自分の心の中に沸いてきた感情を「あるがままに見つめる」ことをやっていきます。自分の行為も俯瞰して見つめます。これを「セルフモニタリング」と言います。セルフモニタリングのやり方は後ほど詳しく解説しますね。

②次に、自分が感じている感情に「おうむ返し」をします。ここで絶対に忘れてはいけない大事なポイントは、あなたのすべての感情や行為に対して、否定も肯定もしない（よい・悪いのジャッジをしない）ただ「そのまま」を受け容れます。「今はただ、こういうことが起こっているだけ」と受け入れるのです。

③自分の心の中に、母性（安心の土台）が育ってない人は、自己受容の手順通りにやっても、モ

ヤモヤしたり、自分責めや自己否定をしたがる自分が出てきます。自己受容は、否定も肯定もしない、ジャッジしないと頭では理解できても、イライラしたり、つらい気持ちを感じたり、どうしても自分を責めたい気持ちに駆られます。

そんなときは「自己受容が大事だと知ったけど、それでも今の私は自分を責めたくなるんだな」「これが今の私なんだな」と自分責めや自己否定してしまう自分を丸ごと受け入れてください。これが③番目の行程になります。

自分の心と身体に目を向ける「セルフモニタリング」とは

セルフトーク（自分との対話）を受容的なものに変えるために取り組むことが「セルフモニタリング」です。アンガーマネジメント（怒りによって後悔をなくすこと）においても、セルフモニタリングがとても役に立ちます。

私たちは日々、親子、夫婦、仕事、プライベート、対人関係において、さまざまな悩みやストレスを感じながら生活しています。たとえば、お子さんやご主人に怒りを感じたときや、子育てがうまくいかない、しんどいと感じたときに、強いストレスを感じていると思います。苦しい状況に陥ったとき、自分の力で解消できないことが多いものです。その原因としては「自分や物事を客観的に見る」ことができていない点が挙げられます。

ほとんどの方が、自分を「客観的にみる」ということができていません。ストレスに感じる出来事が起きたら「イライラする」「つらい」「不安」など、負の感情で頭の中がいっぱいになり、怒りがずっとおさまらなかったり、グルグル悩みの渦から抜け出せなくなってしまうのです。

ところがセルフモニタリングができるようになるだけで、そのような苦しい状態に陥ることがグンと減りとてもラクになるのです。あなたが友達から悩みを相談されたときのことを思い浮かべてみてください。

友達の悩みであれば「気持ちはよくわかるけど、それは極端に考えすぎじゃないかな」「○○することが必要なのでは？」など、冷静に話を聴き、全体を見て、必要に応じた考え方ができるはずです。なぜなら、友達のことは1歩離れた位置から客観的に見ているからです。友達にしたように、自分にも同じようにできるはずです。

とはいえ、「客観的に自分を見る」「今、目の前で起きている状況を俯瞰して見る」ことは、実は思った以上に難しく、できるようになるためにはトレーニングが必要です。

セルフモニタリングのやり方

セルフモニタリングのやり方は次の通りです。怒りを感じる場面や、つらいと感じる状況になったら次のことを観察します。

〈モニタリングすること〉

①今、どういう状況か

②何に反応したのか（誰かに言われたこと、目にしたこと、聞こえてきたことなど）
③自分は何を感じているか

これらを観察し情報を整理していきます。「観察すると言われてもイメージがわきません」といった質問をよくいただきます。イメージしやすいように、例として伝えているのが「ドローン」です。セルフモニタリングとは「全体を俯瞰して見ること」でしたね。自分がドローンになって、空の上から観察しているつもりで取り組んでみてください。

セルフモニタリングが思うようにできない場合

セルフモニタリングは、日々意識しておかないとできません。「何かあったらセルフモニタリング！」と、普段から頭の片隅に置いておくことです。

実践し始めたばかりの頃は「イラっとすることがあるとセルフモニタリングどころじゃありません！」このようなご相談を多くいただきます。気持ちはよくわかります。最初は難しく感じますよね。大丈夫！　うまくできなくても心配いりません。

先ほどもお伝えしたとおり、まずは日々意識して取り組むことが大事ですが、意識すること自体を忘れてしまうこともあると思います。そんな方におすすめしたいのは「振り返りをする」ということです。怒ったあとや、落ち込んだ気分が少し落ち着いたタイミングで、セルフモニタリングに取り組むのです。

〈振り返りをする〉

①どういう状況だったか

②何に反応したのか（誰かに言われたこと、目にしたこと、聞こえてきたことなど）

③自分はそのとき何を感じたのか

これらを思い出してノートに書き出してみるのです。書き出す際には難しく考えずに、日記感覚で綴ってみてください。

書くことが苦手な人は、スマホのメモ帳などに入力するのもおすすめです。

振り返りを何度もしていると、客観的に自分を見るクセが身についていき、最終的には紙に書かなくてもセルフモニタリングができるようになっていきますよ。まずは振り返りを「習慣にすること」から始めていきましょう。

アンガーログ（怒りの日記）をつける

実践プログラムの受講生の多くが「怒り」に関する悩みを抱えています。第2章で詳しくお話ししたとおり、しつこい怒りを手放していくためには、まずは自分を深く知ることが必要です。セルフモニタリングも練習していきますが、自分を理解するための方法として、アンガーログ（怒りの日記）にも取り組んでもらっています。あなたもぜひチャレンジしてみてくださいね。

アンガーログに取り組む際は①～⑦の順に記入してください。

〈アンガーログ・質問項目〉

①どこで、誰が何をしてきましたか？
相手はどんな態度でしたか？
②誰があなたに何を言ってきましたか？
③あなたは相手にどんな言動を取りましたか？
④あなたが本当に伝えたかったことは？　一次感情は？
⑤目の前で破られた、あなたが大切にしているルール、○○であるべきはどんなものでしたか？
⑥あなたが相手に期待していたことはなんですか？
本当はどうして欲しかったのでしょうか？
⑦あなたが本当に伝えたかったことは？　本当の感情は？

怒りのクセは人それぞれ違います。そして、その人独自のクセやパターンは、たくさんあるわけではなく、いくつかに絞られます。アンガーログをつけていくことで、自分独自の怒りのパターンに気づくことができます。根本原因（怒りのスイッチ）がわかれば、本当に向き合うべきところが明確になり、悩みを根本から解消することができますよ。

自分と向き合うことも、セルフモニタリングの練習も、アンガーログも、正直面倒なことです。面倒に感じることであっても、あなたの中にしっかりとした「目的」があれば、きっと取り組めるはずです。どんな小さなことでも構いません。できることから実践していきましょう。

5　誰もがぶつかる自己受容の壁〜できない自分を認めて受け容れるトレーニング

自己受容は簡単なようで難しい

自己受容の「やり方」自体はとてもシンプルで簡単です。しかし、実際にやってみると、ほとんどの方がたくさんの壁にぶつかり自己受容を体得するまでに時間がかかります。なぜなら「知っている」と「できる」は、まったくの別物だからです。セルフトークやセルフモニタリングと同じく、自己受容もできるようになるためにはトレーニングが必要なんですね。

1人で練習に取り組んでいると「これで合っているのかな？」など不安に思うことも出てきます

よね。うまくできない自分に直面すると落ち込みますよね。これでは自己受容のトレーニングを続けることが難しくなります。

しかし、ここで諦めてしまうのは残念すぎます。あなたの不安が少しでも和らぐよう、多くの方が苦戦するポイントや、行き詰ったときにどうやって乗り越えていくかなども、合わせてお伝えしておきます。ぜひ参考にしてくださいね。

すぐに結果を求めてしまう

これまで多くの方のサポートをしてきた中でわかってきたことですが、自己受容に苦戦する人たちは、面白いほど同じところで躓き、苦戦する箇所も同じなんです。もちろん私も同じところで躓き苦戦してきました。

まず、自己受容に苦戦する人は「せっかちさん」が多い傾向にあります。このタイプの方は、頑張り屋で行動力があり、向上心がある方も多いので自己受容のトレーニングも積極的に取り組みます。

しかし、その反面「じっくり、ゆっくり、コツコツ」が、とても苦手です。「早く変わりたい」「早くラクになりたい」という気持ちばかりが先走り「早く思い通りの結果を手にしたい」と、焦る気持ちばかりが強くなっていくのです。教わった通りにやっているのに思っているような状態にならないと、先の見通しが立たないことにイライラしはじめます。

こんなときこそ自己受容だと思い、やってみるものの全然ラクにならず。できないストレスから、ますます家族にイライラをぶつけるようになっていきます。次第に「怒るのをやめたいから自己受容に取り組んでいるのに、全然変わらないじゃない！」「この方法は自分には合わないのかもしれない」「もっと違う方法があるかも」と、方法を疑いはじめます。このような状態になっていると危険信号です。

実はここでも「傷つきたくない」という心理が働いていることも少なくありません。すぐに結果を求めるのは、無意識の防衛機制が働いている可能性もあります。防衛機制とは心が傷つくことを避けるための機能で、不安やストレスを軽減するための心理メカニズムの1つです。

自己受容の練習を頑張ってやり続けても「できるようにならなかったら…」と思うと、それだけで不安な気持ちが押し寄せてきて、いてもたってもいられなくなるのです。そうなると、この状況から早く抜け出したいという衝動に駆られます。要は「傷つかずにうまくいく方法」を手にしたいということです。

何かを習得する際には一定期間続けることが必要です。数回やっただけですぐに成果に繋がることはないと思ってください。数回やっただけでは自己受容の本質は理解できないのです。続けてみるからこそ疑問が生まれ、その度に自分と向き合うからこそ気づきや発見があり、成果に繋がるのですよ。

1人で取り組むのがつらいと感じる方は、信頼できるプロのカウンセラーに伴走してもらうことをおすすめします。1人では抱えきれない苦しみも支えてくれる人がいるだけで心強いものです。
ぜひ、あなたが心を許せる安心できる人に身を委ねてみてくださいね。

「信じて待つ」ことができない

すぐに結果を求めてしまう心理は「子育て」にも通じるところがあります。すぐに結果を求めたがるお母さんは、子どもを「信じて待つ」ことができません。子どもが成長するにつれて、私たち親は子どもにさまざまなことを教えていきますよね。

望んだことを無条件に満たしてあげる乳幼児期の関わりとは違い、トイレトレーニングや、食事の仕方、危険なこと、やってはいけないこと、家庭でのルール、社会のルールなど、いろんなことを教え、伝えることが必要になります。

このときに大事なことは「繰り返し根気よく教えること。教え伝えたら待つこと」です。はじめのうちは、なかなか親の思うようにはいかないですよね。うまくできなかったり、時間がかかったり、できるまでに何度も反復する必要があります。

しかし、待つことができないお母さんは、何度も同じ失敗を繰り返すとイライラしてしまい「早くしなさい！」「なんでできないの！」「何回言ったらわかるの！」と怒鳴ってしまいます。小学生以降のお子さんであれば、先回りしてあれこれ口を出したり、親が望むかたちにコントロールするようになります。

子育ては自分自身と向き合うことが必要です

実践プログラムを受講される方は、みなさん「信じて待つこと」「見守ること」ができません。子どもを待つこと、見守ることの必要性は、頭ではわかっているけれど、どうしてもイライラが抑えられなかったり、口出しをやめられなかったりと、自分の感情のお世話ができなくて苦しんでいる方たちばかりです。

子どもを待つことができない自分と直面したとき、そんな自分を直視できず、つらい気持ちになります。そんなときは、「つらいと思っている自分に目を向け、自分が何につらいと感じているのか、心の声に耳を傾けるのです。

①子どもが、どうしてくれないことが嫌なのか、何がつらいと感じるのか
②なぜ信じて待てないのか、なぜ口を出したくなるのか
③待っている間に、何を想像して不安になっているのか

はじめは①〜③の質問に答えられない方も多いです。それでも1つひとつ丁寧に向き合っていくと自分の本音が見えはじめます。子育てで行き詰まったときは、子どもに目を向けるのではなく自分と向き合うことが何よりも必要なことなのです。

「子育ては自分育て」だとよく言いますよね。本当にその通りだと思います。自分と向き合うことは決してラクなことではありませんが、向き合ってきた時間こそが心の土台を育み、自分自身の成長に繋がるのです。

6　今を生きることの大切さ～心の囚われをなくす

自己受容ができない根本原因

自己受容に取り組みはじめると、強い抵抗や反発心を、あらわにする方がいます。ありのままの自分を受け入れようとすると、次のような気持ちが湧いてくるのです。あなたにも当てはまるものはありませんか？

・今の自分が嫌だから変わりたいのに、ありのままの自分を認めてしまったらもっとダメな人間になる気がして自己受容するたびに罪悪感に駆られる
・認めることは「諦める」ことのような気がしてやりたくない
・「ありのままを受け入れてどうなるの？」「その次はどうしたらいいの？」と、ただ受け入れるだけでは終われない

私もかつては、同じように感じていたので気持ちはよくわかります。自分の悩みを解決するには、自己受容が必要だと知ったけれど、よくなっていくイメージが全然持てないのですよね。なぜだかわからないけど、罪悪感が湧いてきたり自分がダメな人間になっていくような感覚に陥るのです。

この原因を探っていくと、自分の心の中に、頑なな「ビリーフ」があることに気づかされます。

このビリーフこそが、あなたの生きづらさの「根本原因」なのです。

不自由な思い込みが足かせになっている

物事の見方、捉え方、考え方、感じ方（感情）、あなたの行動を制限する思い込みや固定観念のことを総称して「リミッティングビリーフ」といいます。このビリーフが自己受容の足かせになっている可能性があります。

そもそも、ビリーフはどうやってできるのかというと、子どもの頃の経験が元となってつくられます。特に、両親や祖父母の影響は大きいといえるでしょう。「愛されたい、わかってほしい、認めてほしい」といった子どもが当たり前に感じる欲求が満たされていなかったり、不安や緊張といったストレスを繰り返し感じる環境で育った場合、傷つき体験となり、リミッティングビリーフがつくられます。

両親との間で、これといった目立ったエピソードがない方もいますが、そういった場合でも不自由なビリーフがつくられている可能性は大いにあります。子どもは非言語を読みとることに長けています。

特に、共感性や同調性が強い子どもだと、直接強要されていなくても親の表情や態度から期待を感じ取ったり、不穏な雰囲気を敏感に察知します。何を言われたか、どんな出来事があったかだけでなく「あなたが何を感じていたか」が重要なのです。

その他にも、学校や交友関係の中で感じたことや、いじめにあったり仲間外れにされた経験、世間の常識、日本の文化などの影響も受けています。日本人は、自分よりも相手を大切にすることや、他者への思いやりを持つこと、細やかな気配りができること、人に迷惑をかけないことなど、これらを幼い頃から植え付けられています。「頑張って努力した先に幸せがある、苦労してこそ成功するんだ」このような思い込みも強く刷り込まれていますよね。

私たちは、心が柔軟で影響を受けやすい子ども時代に、長い時間をかけて身につけた「思考、感情、行動のパターン」を無意識のうちに繰り返し強固なものにしていきます。大人になった今も強く握りしめているのです。

禁止型のビリーフ、命令型のビリーフ〜心のブレーキとアクセル

ビリーフには、禁止型のビリーフ、命令型のビリーフがあります。禁止型のビリーフは心のブレーキ、命令型のビリーフは心のアクセルだと思ってください。

心にブレーキ（制限）をかける禁止型のビリーフは「○○するな」「○○であってはならない」といったように、あなたに禁止のメッセージを与えるものです。たとえば次のようなものがあります。

〈あなたの心を不自由にする禁止型のビリーフ〉

・感情を感じてはいけない（我慢しなさい、泣くななど素直な欲求や感情を出せない家庭だった）
・人を信用してはいけない（親からの無条件の愛情を得られなかった、人から裏切られた）
・欲しがってはいけない（兄弟姉妹のため、親や家庭の事情で欲しいものを我慢した）

・考えてはいけない（親が支配的、ヒステリック、親の言うことが絶対的な家庭で育った）
・重要であってはいけない（私は重要な存在ではない、親が無関心、親が認めてくれなかった）
・親から離れてはいけない（子離れできない親、依存心が強い親のもとで育った）
・くつろいではいけない（いつも大変そうな親、自分に厳しくくつろがない親の元で育った）
・存在してはいけない（私はいないほうがいい、お前はいらない子だ、お前さえいなければばと直接言われた）
・集団に属してはいけない（いじめ、仲間外れ、情緒的な結びつきのない家族の中で育った）
・子どもであってはいけない（長男長女に多いビリーフ、幼少期のさまざまな理由で子ども時代を子どもらしく過ごせなかった）
・健康であってはいけない（病気のときだけ優しくしてもらえた、体の弱い兄弟姉妹がいた）
・成長してはいけない（親に溺愛され過度に甘やかされて育った、親が過干渉だった）
・人に近づいてはいけない（親に構ってもらえなかった、親が無関心、スキンシップやコミュニケーション不足）
・楽しんではいけない、幸せになってはいけない（苦労する親元で育った）
・自分の性別であってはいけない（親が違う性を望んでいた、アイデンティティを否定する）
・愛着を感じてはいけない（親から無条件の愛情を感じられず育った、虐待、ネグレクト、無関心）
これはほんの一例ですが、自分の心に制限をかける禁止型のビリーフが存在していることを、まずは知っておいてください。

続いて、命令型のビリーフについてお話しますね。

先ほどの禁止型とは違い、命令型のビリーフは「〇〇しろ！」「〇〇しなさい」「〇〇であるべき」といったように、あなたの行動を駆り立てるものです。自分の心の中にある思い込みは、呼吸するのと同じくらい当たり前に発動します。

ですので、自覚のないものが多いかもしれませんが、命令型のビリーフは、比較的自覚しやすいと思います。

〈あなたを駆り立てる命令型のビリーフ〉

・完璧でなければならない、完全であれ
・他人を喜ばせばなければならない
・努力しなければならない
・強くなければならない
・急がなくてはならない、早くしろ

あなたも、誰に言われたわけでもないのに「いつも前向きでなければいけない」「笑顔でいなければ！」「楽しませなきゃ！」「もっと努力しなきゃ」「弱い自分はダメだ」などと思うことありませんか？

これらのメッセージは社会で生きていくために、ある程度必要な考え方です。しかし、あなたが

「つらい、しんどい」と感じているにも関わらず、考えを緩めることができなかったり、子どもへの過度なしつけに作用していたり、自分の考えを他人にも強要し衝突の原因になっていたりと、命令型のビリーフに支配され脅迫的になっているとしたら、あなたを幸せから遠ざける不自由なビリーフは見直す必要がありますよね。

できない自分を認めて受け容れることへの怖さ

自己受容とは、自分が感じているどんな感情も受け入れることでしたね。もし、あなたに「感じてはいけない、感情を表に出してはいけない」この思い込みが強く刷り込まれていたら、自己受容をしようとすると罪悪感を感じたり心にブレーキがかかる理由が理解できると思います。

命令型のビリーフが強い人は「できないこと」を非常に嫌います。自己受容に苦戦し、なかなか体得できない人の原因は、ありのままの自分を見つめることができないことにあります。「自己受容できない自分」を見つめることがつらすぎて、ありのままの自分から目を背けたくなるのです。

なぜなら、完璧な自分でなければ認めてもらえない、存在してはいけないと、無意識のうちに恐れを感じてしまうからです。

「強くなければならない」このビリーフが強く刷り込まれていると、自分に思いやりを持って優しいセルフトークをしようとすると、長年のクセで「弱音を吐くな！　強くあれ！」と、つい厳しいセルフトークになってしまうのは無理もないことです。

なぜ、こんなにも脅迫的になってしまうのでしょうか。子どもは親に依存していないと１人で生きていくことはできません。親に見捨てられたら生きていけないのです。つまり、ビリーフは「あなたが生きていくために決断したこと」なのです。

大人になったあなたからすれば「生きるためなんて大袈裟じゃない？」と思うかもしれません。しかし、子どもの頃のあなたにとっては、とても重要なことだったはずです。親に自分の存在を拒否されたと感じたり、いつも関心を寄せてもらえなかったり、そのような出来事が何回もあると「ちゃんとしなければ、期待に応えなければ、喜ばせなければ」といった思い込みをもつのは自然なことなのです。子どもの頃に「ありのままの自分では愛してもらえない」そのように感じていたとしたら、自己受容に抵抗や強い反発心をもつことも納得できますよね。

不自由な思い込みを手放す方法

ビリーフを手放していくにはどうすればいいのでしょうか。ビリーフを手放すには、まずは、自分にどんなビリーフがあるのか気づき自覚することです。まずは禁止型のビリーフ、命令型のビリーフそれぞれの例を参考に、自分に当てはまるものはどれかをチェックしてみましょう。

自分の心の中にある不自由な思い込みに気づいたら、そのルールは「今も必要かどうか」を自分に尋ねてみましょう。ビリーフは子どもの頃のあなたが、親に見捨てられないために決断し身につけたものです。しかし、あなたが生まれ育った家庭の中では必要だったルールも、大人になった今のあなたには必要のないものもあるはずです。今の自分と家族（お子さんやご主人）にとって不必要なものであれば手放していきましょう。

とはいえ、ビリーフは生きていくために決断し身につけたものですから、手放そうとすると強い不安と恐怖心が伴います。無理せず少しずつ緩めていくくらいの気持ちで取り組んでいきましょう。感情と同じで、手放さなければならない、失くさなければならないと思えば思うほど囚われてしまい、さらにビリーフを強化してしまうこともあります。

大事なのは、自分がなぜそのビリーフをもつようになったのかを理解することです。ありのままの自分を受け入れようとしたとき抵抗や反発心が出てきたら、そのときは、そんな自分をセルフモニタリングし「自己受容しようとすると罪悪感を感じてしまうのはビリーフがあるからなんだな」と、現在の自分の心の状態をしっかりと見つめて、ただ「今はそうなんだな」と理解するだけでいいのです。

幼い頃から両親の愛情を感じられず、つらい思いをしてきた人は、これまで誰にも頼らず「自分の力で乗り越えてきた」という自負があります。だからこそ「変わる」ということがよいことだと頭ではわかっていても、これまで頑張ってきた自分を否定するような、見捨てるような気持ちになって、つらくなる人も少なくありません。

新しい自分になることは、過去の自分を否定することにもならないし、見捨てるわけでもありません。過去の自分も大切なあなたの一部として、これからも共存していくのです。過去の自分がいてくれたから、ここまで生きてこれたこと、これまで自分を守ってくれたことに感謝と労いの気持ちを忘れないでくださいね。

本書を読んでも変われないあなたに必要なもの

第４章では、自己受容とは何か、自己受容の大切さ、母性や愛着の重要性、理論だけでなく自己受容のやり方もすべてをお伝えしてきました。本書に記されているとおりに実践していただければ、自己受容ができるようになり、自己受容ができれば、お子さんやご主人のこともありのままに受け入れることができるはずです。

しかし、本書を読んでも「自己受容もできない」「怒るのをやめたいのにやめられない」「子どもを可愛いと思えない」「やっぱり変われない」と、途方にくれる人もいるでしょう。

あなたが変われないのは、あなたが悪いわけではありません。あなたの性格のせいでもありません。あなたが変われないのは「受容された経験がないから」それが唯一の原因です。

自己受容は、たとえテクニックどおりにやったとしても、そこに「心」が伴っていなければ、求める効果は得られません。あなた自身が受容される感覚がわからないと、どのようにしていいかもわからないし、そもそも、なぜ受け入れてもらうことが必要なのかもわかりません。

「受容することがどういうことなのか検討がつかない」「１人で取り組むのがつらい」と感じる場合は、信頼できるプロのカウンセラーに伴走してもらうことをおすすめします。

1人では抱えきれない苦しみも、支えてくれる人がいるだけで心強いものです。あなたが安心して心を許せる人に身を委ねてみてください。受け止めてもらえる安心感、共感してもらえたときの温かさを、きっと体感できるはずです。どうか1人で苦しまないでくださいね。

7 娘のうつ病が教えてくれたこと〜受講生の体験談

優秀だった娘が、突然鬱になった

Mさんは、子育てで悩んでいました。23歳の長女は、うつ病になり大学休学中。病気の影響で、心がとても不安定でした。

恋愛依存、交際相手とのトラブル、自殺未遂、車の衝突事故など、次々に問題を起こす娘さんに頭を抱えていました。18歳になる次女は生まれつき重度の知的障害がある子で、家の中で発狂することも多く、長女とはまた違った悩みを抱えていました。

Mさんには、娘さんたちを正論で責めてしまうクセがありました。特に長女のことは厳しく育ててきました。娘が病気になる前までは、自分の子育てに問題があるなんて夢にも思っていませんでした。なぜなら、すべて娘のためだと信じて疑わなかったからです。

そんなMさんも、度重なる問題に向き合わされていく中で「もしかすると、子どもたちではなく自分に原因があるのかも」と思うようになっていったのです。それからは、専門医を受診しカウンセリングに通ったりもしました。

しかし、いざ自分を変えようと思っても、なかなか変えることができず、自分が悪いと頭ではわかっていても怒りが止められないのです。どうしたらいいんだろう…と頭を抱えていたときに偶然、実践プログラムの存在を知り、その中で目にした「子どもは自分の内面をうつしだす鏡」このフレーズが不思議とストンと心に落ち「絶対、この講座を受講しよう」と、心に決めたのです。

恐れと不安で押しつぶされそうな日々

とはいえ、実践プログラムがスタートしたばかりの頃は「本当に変われるのか」半身半疑で、娘がなぜこのような行動をとるのか、この先本当に娘の心を理解できるようになるのかと明るいイメージは持てずにいたのが正直なところです。Ｍさんは不安になりながらも、１つずつできることから取り組んでいきました。

娘が問題を起こすたびに「こんなことになったのは自分のせいだ」と罪悪感と後悔の念に苛まされました。しかし一方では「娘が早く立ち直ってくれれば自分もラクになるのに」「娘が家をでてくれれば娘の姿を見なくてすむのに」と、娘のせいにしたい自分もいました。苦しい思いをするたびに、根気よく自分と向き合ってきました。

自分の心を見つめていくと「将来への不安」と「親の自分が責められるではないか」という「恐れ」が根底にあることに気づきました。

長女に比べて、悩むことは少ないと思っていた次女に関しても、特別支援学校を卒業し、福祉事業所に通い始めてから環境が変わったせいか、家で荒れることが増えていき、次女に対してもイライラが募るようになっていきました。長女とは違い、障害があるのだから…と受け入れていたはずのことも、何度も同じことを繰り返されるとMさんの心が疲弊していくのです。

どんなに頑張っても変わらない現実を目の当たりにしたとき、「報われない」と思いました。その「報われない」という言葉をきっかけに、ずっと蓋をして見ないようにしてきた幼少期のつらかった記憶がバーッと溢れ出したのです。

心の奥底に封印していた幼少期

Mさんは幼い頃、母親から虐待を受けていたのです。「虐待という言葉がものすごく嫌でした、耳にするのも嫌なんです」と仰っていました。Mさんにとって消したい過去だったのです。幼いMさんにとって絶対的な存在だった母親が、自分の子育てにたくさん影響を与えていることに気づきました。自分と母親の関係性を丁寧に振り返ることで、すべてが繋がったのです。

その後も、変わらず長女の問題行動はあるけれど、Mさんの心のあり方が変わったことで、心を閉ざしていた娘さんが、自ら話しかけてくれることが増えたりと、Mさんも驚くような変化が目に見えて現れてきたのです。破綻寸前だった親子の絆は、少しずつ回復へと向かい始めました。

これまで、自分自身が自分のことを愛せていなかった。だから、自分で自分を愛せていない分を、自分以外の人に求めていたんだな…」と、気づいたのです。子育てであれば、聞き分けのよい子どもと仲良く暮らせる自分が理想だった。

しかし、現実はまったく思ったようにはいかないことだらけだった。理想と現実のギャップを見ることがつら過ぎた。Mさんの心の奥底では悲しみが溢れていたのです。

その深い悲しみが「怒り」にすり替わり爆発していたのだと、自分の心を本当の意味で理解でき、ストンと腑に落ちたのです。

母と娘、傷ついた愛着の回復へ

自分自身を深く見つめることで、少しずつ娘の存在も娘の心も見つめることができるようになっていったのです。娘も自分と同じように、理想と現実のギャップに苦しんで「うつ」になったのではないか。

そう思ったMさんは、その気持ちを娘に話してみました。すると「本当にその通りだよ、ママ」と、これまで1人で抱えていた苦しかった心の内を、娘が自ら語ってくれたのです。「こうありたい自分と、こうでしかない自分」「理想の自分とのギャップが大き過ぎて、埋める術がなかった」と、うつ病になるまでの思いの丈を聴くことができたのです。

「娘は、なんとか苦しい状況から抜け出そうと頑張っていたんだな」と、心から思えました。娘の話に「そうなんだね」と、ただ耳を傾けることができている自分にも驚きました。

「プログラムに出会う前の私は、何冊も傾聴の本を買って勉強したのに、1つも実践できなかった」「自分の心の土台づくりを実践したことで、傾聴ができるようになれたんです」「自分がしっかりと娘の声に耳を傾ければ、ちゃんと娘も親に歩み寄ってくれるんですよね」そう語ってくれたMさんの言葉は、今も私の心にしっかりと残っています。

　傾聴する姿勢は、相手に安心感を与えます。しかし、Mさんの体験談にもあったとおり実際にやってみると、とても難しいのです。傾聴ができずに悩んでいる方は、まずは本書を読み、自己受容に取り組むことから始めてみてくださいね。

「聴く」は積極的なコミュニケーション

相手のことをわかりたいという気持ちで
目と耳と心で聴くことが大切

第5章　心の敷地と境界線

1　あなたの子育てがつらい理由

心の境界線とは

人にはそれぞれ目に見えない「心の敷地」というものがあります。心の敷地とは、あなたの心と身体を守ってくれる目に見えないバリアのようなものだと思ってください。

また、心の敷地と敷地の間には「境界線」があります。心の境界線とは、あなたと他者との間にある見えない線引きのことです。私たちが生きている世界は、さまざまなものが境界線によって区切られています。自分の物と他者の物を区別する線引きがあるから安心して生活ができるのです。

身近なものだと「住居」がありますね。お隣さんのお家とあなたのお家の間には境界線がありますよね。お隣さんが、あなたのお家に許可なく侵入してきたら…当然ながら、驚いてしまいますし不快に感じますよね。

心にも同じように、敷地や境界線があります。しかし、目に見えない心の領域になった途端、他者との間にあるべきはずの線引きが曖昧になってしまう人は少なくありません。特に、親子や夫婦など、親密な関係性になればなるほど、境界線が曖昧になります。

他者との間に、心の境界線を引けていなかったり敷地が脆いと、人間関係で悩んだり問題が生じやすくなります。それぞれが自分の心の敷地を守ることができ、相手との間には境界線があることを前提に置いた上で、人と関わっていくことが、心地よい人間関係を育む秘訣だと言えます。

心の境界線

生きづらさの原因は心の境界線だった

かつての私は、他者との間に境界線が引けておらず、心の敷地がとても脆い状態でした。そもそも、心の敷地や境界線があること自体、知らなかったので無理もありません。とはいえ、家族間で問題が起きているわけですから、知らないでは済まされません。知ったときは「もっと早く知りたかった」と悔やみましたし、とても残念に思いました。

心の境界線について学んでいくと、これまで家族に対して感じていたイライラや、家族以外の人間関係の中で感じていたストレスの「本当の理由」に気づくことができました。「なぜ、私はイライラするのか、なぜ、こんなにつらい気持ちになるのか」心の仕組みを理解できただけでも、心がとてもラクになりました。

それから私は、学ぶだけで終わらず自分事に落とし込み、日々実践しました。すると、家族にイライラすることも少しずつ減っていき、人間関係で必要以上に悩むこともなくなっていったのです。実践し続けた結果、家族とも良好な関係性を築くことができ、特に娘との関係性が大きく変わりました。

あなたの悩みも心の境界線の脆さが原因かも

子育てで悩みを抱えている人のほとんどが心の境界線を引けておらず、敷地もとても脆い状態にあります。怒るのをやめたいのにやめられない悩みも、子どもを可愛いと思えない悩みも、心の境界線の脆さが大きく関係しているのです。

あなたも、イライラしたり些細なことで傷ついたり、そんな自分の感情と上手に付き合うことができずたくさん悩み、苦しんできたのではないでしょうか。自分のことをたくさん責めてきたと思います。もう大丈夫ですよ、安心してください。心の境界線について学び理解することで、なぜ自分の子育てはこんなにもつらいのか、なぜ家族との関係がうまくいかないのか、その理由がわかります。学ぶだけでなく、日々意識しながら過ごすことで、お子さんやご主人との関係性は驚くほど好転しますよ。

これまでサポートさせていただいてきた方の中には、会話レス、家庭内別居、離婚寸前だった方、親子の言い争いが絶えなかった方、物を壊す、叩く蹴るなど、ケンカがエスカレートし家庭崩壊寸前だったケースもありました。

そのような状態にあった方も、自分の状態を理解し、必要なトレーニングをコツコツ実践することで驚きの変化を実感されています。「半信半疑だったけど、カウンセリングでここまで変われるんだ」と嬉しいお声をいただいています。

私は、たとえどんなにどん底の状態にあっても、自分次第で家族は修復できると思っています。しかし、そこには例外もあります。家族のあなたに対する「信頼残高がゼロ」になってしまった場合、修復は極めて困難になります。

手遅れになる前に1日でも早く行動に移すことをおすすめします。後悔しないように、これからお伝えしていくことを、できることから1つずつ取り組んでみてくださいね。

2　心の境界線が脆いとどうなるの？

人間関係で悩みやすい、ストレスを感じやすい

親子、夫婦、子育て、仕事、友人など、私たちはさまざまな人間関係の中で生きています。「一緒にいると安心する、居心地がよい」「楽しい」と感じる人がいる一方で、「一緒にいると疲れる」「緊張する」「イライラする」「そわそわして落ち着かない」「不快な気持ちになる」など、関わる相手によって感じ方は変わりますよね。

もしあなたが、嫌なことでも断れなかったり、困っている人を見ると「私が解決してあげなければ！」といった衝動に駆られたり、他人の目や世間体など過剰に気にしてしまう…など。人との間で気疲れしたり、人間関係で悩みやすいとしたら、境界線が曖昧だったり、心の敷地が脆い可能性があります。

他人に振り回されてしまう、些細なことでもイライラしてしまう

心の敷地や境界線が脆いとどのようなことが起こるのでしょうか。自分と相手との間に線引きができておらず曖昧になると、次の2つのうちどちらかの状態になります。

①自分の敷地に相手を侵入させてしまう

- 自分の意見を主張することが苦手、あるいはできない
- 人に嫌われたくない、いい人に思われたい思いが強い
- いつも人を優先して自分は後回しにしてしまう
- 他人の意見や価値観、評価に振り回される
- 自分が我慢すればうまくいくと思っている
- 人生の決定権が自分ではない、自分で決められない
- 罪悪感を抱きやすい、なんでも自分のせいだと思ってしまう
- 自分で責任をとろうとせず相手に委ねる

②相手の敷地に侵入してしまう

・自分と相手の違いを受け入れられない
・価値観や趣味思考が同じであって欲しいと過剰に思う
・相手のＮＯを受け入れられない
・相手の問題や課題なのに手や口を出す
・相手に過剰に期待する
・自分の思い通りに誘導したりコントロールする
・相手に罪悪感を植え付けようとする

心の境界線が脆い人に見られる具体的な事例

親子、夫婦、子育て、仕事、友人など、それぞれの場面でよくある事例をあげてみますね。

〈親子〉

・子どもがやるべきことを親がやってしまう
・子どもの言動をパトロールしてはあれこれ口出ししてしまう
・子どもの交友関係に介入する、

口は出さなくても顔や態度で示す
・きょうだい喧嘩を傍観できずに介入してしまう、きょうだい喧嘩がとにかくストレス
・親の期待に応えなければと思う
・子どもに自分の価値観や理想を強要する
・両親の影響を大人になった今も多大に受けている
・秘密や隠し事が許せない、親子ならすべて報告するのが当然だと思っている
・「あなたのために言っているのよ」「普通〇〇でしょ」が口ぐせ
・自分の苦労や失敗から子どもには同じ目に合わせないように先回りする
・親の発言に過剰反応してイラっとする、あるいは落ち込む

〈夫婦、パートナーシップ〉

・ついつい世話を焼いてしまう
・相手の顔色や機嫌を伺ってしまう
・専業主婦であることに引け目を感じる
・子育てに対する価値観の違いから夫婦ケンカが多い
・相手の言いなりになってしまう、あるいは言いなりにさせようとしてしまう
・夫婦ならすべてを報告、共有するのが当然だと思っている
・相手の持ち物を自分の物のように扱う、断りなくスマホを覗き見るなど

・恋愛にいい思い出がない、浮気や不倫などいつもつらい恋愛をしてしまう
・ＤＶやモラハラなど、暴力をふるわれる、あるいはふるってしまう

＜友人＞
・頼んでもいないのに「あなたのため」と自分の意見を押し付けてくる、あるいは言いたくなる
・こちらの都合も考えずに予定を決めたり、長話してくる
・友人なのに対等ではない、上下関係になっている、あるいは上下関係をつくろうとする
・いつも自分の話ばかりする、自慢話が多いなと感じる、マウントをとってくる
・必要以上に気を遣ってしまう
・ＬＩＮＥの返信が遅いと不安になる「送らなければよかった」と取り消したい衝動に駆られる
・しなければいいのにＳＮＳパトロールして落ち込む
・３人以上の人が集まる場にいくと疎外感を感じる、集団の輪に入れない

＜仕事＞
・部下や後輩に仕事を任せることができない、人を頼れない
・同僚や部下の成功を喜べない
・すぐに人を頼る人を見るとイライラする
・仕事の仕方や物音など過剰に反応してしまう、五感が敏感で疲れる
・怒られている人やトラブルを見ると不安になる、自分も落ち込む

・明らかに自分だけ仕事の量が多い
・いつも自分ばかりが損している「なんで私ばっかり」と思う
・勤務変更や残業など仕事を頼まれると断れない
・パワハラ、セクハラなどハラスメントを経験したことがある

あなたは、「侵入される側」「侵入する側」どちらの傾向が強いでしょうか。これらは「どちらか一方だけ」というわけではなく、関わる相手や状況や場面によって変わります。

たとえば職場や友人には侵入される側が多く当てはまっているけど、パートナーや子どもには侵入する側になるなど。これらがよくあるパターンです。親子関係になると、ほとんどの人が「侵入する側」になっています。

3 あなたのそのイライラもしかすると、家族への「依存」かも

健康的な依存と不健康な依存

依存症には、物や行為だけでなく「人や関係」への依存もあることを知っていますか。依存症とは、日常生活に支障をきたしているのにもかかわらず、特定の何かに囚われてしまい「やめたくてもやめられない」状態になることです。

依存症は大きく3つに分けられます。1つがアルコール、タバコ、甘いもの、薬物など「物質」への依存。2つ目がギャンブル、買い物、ゲーム、スマホ、万引き、性行為、自傷行為など「行為」への依存。そして最後の3つ目が、パートナー、子ども、恋人など「人・関係」への依存です。

驚くかもしれませんが、家族に対して「怒るのをやめたいのにやめられない」これは、人間関係への依存の一種なんです。子どもや旦那さんに依存している状態なのです。

依存症というワードを目にして「私は病気なの？」と不安に感じた方もいるかもしれません。しかし、人は誰でも、何かに依存して生きているのです。ただ、人や関係への依存には「健康的な依存」と「不健康な依存」とあるのです。健康的な依存と不健康な依存とはどういったものなのか違いを知っておくだけでも、あなたの今後の未来を大きく左右しますよ。

自分と他者を切り分けられない 相手の感情に過剰に反応してしまう

境界線が脆いお母さんたちには共通の特徴があります。その特徴の1つが「自分と他者を切り分けられない」「相手の感情に過剰に反応してしまう」悩みを抱えている点です。

HSPをご存じでしょうか。HSPとは「Highly Sensitive person」の略で、生まれつき敏感で繊細、感受性の高い人のことです。先ほどもお伝えしましたが、私たちは「自分は自分、人は人」と自他を区別するための、目には見えない心の敷地や境界線をもっています。

しかしHSPの場合はこの境界線が薄いため、他人の感情が自分の中に流れ込んできてしまいます。実践プログラムの受講生は程度の差はあるもののＨＳＰ気質に近い方が多いです。

そして、ＨＳＰの特徴に似ているのが「アダルトチルドレン」です。この２つは特徴がとても似ています。ＨＳＰは生まれ持った気質であること。アダルトチルドレンは生育環境の中で後天的に身につけたものです。

〈ＨＳＰとアダルトチルドレンの違い〉

ＨＳＰ
・物事を深く捉える
・人の気持ちに敏感、直感が鋭い
・些細な変化に気づく、五感が敏感
・刺激過多になりやすい

アダルトチルドレン
・グルグル思考が止められない
・人の顔色を伺う
・些細なことに過剰反応する
・過緊張になりやすい

ＨＳＰもアダルトチルドレンも、一緒にいる人の感情や、声のトーン、行動、ちょっとした仕草などあらゆるものを感じ取ってしまいます。繊細で敏感がゆえに、相手の些細な言動に気づいてしまうんですよね。

人の言動に、過剰に反応し「怒ったり」「傷ついたり」常に緊張して神経が高ぶっているので、ものすごく疲れるのです。身体が慢性的に疲れている状態だと、心に余裕もなくなりイライラもしやすくなります。怒るのをやめたくてもやめられないのはこのためです。この仕組みも理解しておくといいですね。

家庭は、それぞれが「ありのままの自分に還る場所」です。言い方を変えると「感情が行き交う場所」とも言えます。とくに、幼い子どもは自分の感情や欲求を隠すことなくあらわにします。兄弟姉妹がいれば、ケンカも日常茶飯事ですよね。「ケンカを傍観できません！　介入せずにいられません！」「娘の弟に対する態度がどうしても許せません！」これらは多くのお母さんが抱える悩みです。

周りの人の言葉や態度に過剰反応してしまう。

その他にも、父親（夫）が子どもを叱る場面や、祖父母が孫と接する場面もありますよね。「自分でできることなのに、すぐにおばあちゃんを頼る息子を見るとイライラします」「祖父母が、誕生日でもないのに頻繁におもちゃを買い与えるんです！　欲しいものが何でも手に入ると思ったら困る！　甘やかさないで欲しい！」と、家族に怒りを募らせている人も多いですね。

この事例からもわかるように、自分は、直接関わっていないことであっても、その場にいるだけでソワソワしたり、見ているだけでイライラしたり、自分の感情が揺さぶられて、しんどくなってしまうのです。このような状態になるのは境界線の脆さが原因です。あなたにも思い当たる節はありませんか？

自分の感情を自分で受け止めきれない 自分の感情のお世話ができない

境界線が脆いお母さんたちの共通の特徴のもう1つが、自分の感情を自分で受け止めきれない自分の感情のお世話ができない悩みです。

私たちは、さまざまな場面で「期待」します。期待とは、他人が○○をしてくれるのを、あてにして心待ちに待つことを指します。

家族に対して次のような期待はありませんか？「1日家にいたんだから、お茶碗くらい洗ってくれているよね」「雨降ってきたから洗濯物は入れてくれているよね」「私が体調悪いことくらい見ればわかるよね」「私立ではなく、公立高校にいくよね」「部活には入るよね」など。この「期待する」という行為は、過度になると人間関係で問題が生じます。それが先ほど話に出てきた、不健康な依存です。

「自分と他者を切り分けられない」「相手の感情に過剰に反応してしまう」このような状態になったとき、自分の感情を自分で受け止めきれないことによって生じるのが「不健康な依存」です。

ありのままのお子さんやご主人の言葉や態度を見たり聞いたりすると「イライラ、嫌だ、悲しい、つらい、不安、苦しい」といった感情が、自分の心の中に湧いてくるわけです。

そんなとき、本来であれば、他者との間に境界線を引いたり、気持ちを切り替えたり、自己受容したり、何らかの方法で自分の心を守ることができるのです。自分の心を守るだけでなく、状況に応じた行動も、とることができます。自分の気持ちも我慢するのではなく相手を尊重した上で伝え合うことができるので、相手に対する信頼も深まり関係性が拗れることもありません。この状態が「健康的な依存」です。

一方、怒るのをやめたいのにやめられない、子どもを可愛いと思えないお母さんは、自分が感じているネガティブな感情を、自分で受け止めることがなかなかできません。自分のつらい気持ちを子どもや、ご主人にお世話して欲しいと思うわけですね。子どもと関わる中で、自分の不安、心配、コンプレックスに触れるような場面になると、いてもたってもいられなくなり、とにかく口を出さずにいられなくなるのです。この、いてもたってもいられなくなる状況が、ものすごくつらくて、なんとも言い表すことのできない苦しみなのです。

過干渉なお母さんの口グセは「あなたのために言っているのよ」ですが、正しくは「あなたを見ていると、お母さんは不安でつらくて心がどうにかなってしまいそうなの。お母さんを安心させてちょうだい」これが本心です。これらは無意識に感じていることなので、ほとんどの人が自覚がありません。

しかし、心の内側をしっかりと見つめて自分を深く知っていくと「相手に何とかしてもらいたいと思っている」そんな自分に気づかされます。そのような自分を認めたくないと思いますが、目を背けていては、いつまでも現状を変えることはできません。

前提を変えると家族が円満に！

第2章でお話した「人間関係の原則」を思い出してください。「どんなに頑張っても他者は変えられない、変えられるのは自分だけ」でしたね。この考えを前提にセットできていれば、過剰にイライラすることはなくなります。人間関係は常にイレギュラーなことだらけです。意図してない出来事が起こります。お子さんやご主人は、あなたには考えられないような言動をとったりしますよね。そんなとき、あなたの心の中に「自分の期待通りにはならない」ということが前提にありますか？「親子であっても価値観や考え方は違うんだ」と、そもそも自分と他者は違って「当たり前」だと思えていますか？　相手を変えなくても、あなたの意識が変わるだけで、家族へのイライラは確実に減っていきます。ぜひ、普段の生活の中で意識して取り組んでみてくださいね。

とはいえ、夫婦、親子であっても別々の人格であるということ、家族であっても境界線を引くことが大事だということを学んでも、そう簡単には行動を変えられないのが人間です。問題解決のサポートをしていると、ほとんどの方が自分の感情を抱えておくことができず「苦しい」「しんどい」と悲痛な想いを涙ながらに訴えてきます。頭ではわかるのに行動が伴わないのは、私たちには「感情」があるからです。

うまくできない自分を責めたり否定することもあるかもしれません。そんなとき、問題解決に取り組む際の心構えとして「急には変われない」ということを知っておいてください。少しずつ変わっていくのが鉄則だということを前提において実践してください。あなたは家族思いの優しい人。自分を変えようと一生懸命頑張っていることも私はちゃんとわかっています。つらいときこそ、自分に温かい眼差しを向け、思うようにできない自分を丸ごと包んであげてくださいね。

4　幼少期の母親との距離感がその後の人との距離感の雛形になる

心の境界線はいつできるの？

私たちは、子育てに行き詰まったことをきっかけに、心の敷地や境界線のことを知り、その重要性を知ったわけですが、世の中には何も学ばずしても自己受容や他者受容ができたり、他者との間に境界線を引くことができたり、自分の心の敷地をしっかりと守れる人もいるわけです。「なぜそのような違いが生じるのだろう」と不思議に思いませんか？

その理由は、第４章でお伝えした「愛着」にあります。他者との間に心の境界線がうまく引けず曖昧になってしまうのは、幼少期に育った環境の影響を受けていたり、過去に負った心の傷が原因にあったりします。

とくに母親の影響は大きいと言われています。幼少期の母親との心の距離感は、その後の人間関係の距離感の雛形になることが多くあります。母親との心の距離感＝他人との距離感として再現されるということです。

愛着の形成が不安定なまま大人になると、人間関係も不安定なものになります。他人との心の距離感が曖昧になりやすく、人の感情に敏感になり人の影響を受けやすくなるということです。たとえば、人の顔色をすごく気にしてしまう、人と衝突したくないのでつい相手に合わせてしまう、親密な関係になると、いつかこの人も離れてしまうのではないかと「見捨てられ不安」が強く現れます。

愛着の不安が強い人は「自分が受け入れられているかどうか」「相手に認めて貰えているかどうか」に敏感です。少しでも相手の態度が違ったり、おかしいなと感じると、不安でいてもたってもいられなくなります。人からの評価や賞賛がすべてで、人に認めてもらうために頑張ります。

一方、人付き合いが煩わしく感じたり、警戒心が強くガードが固くなるケースもあります。自己開示が苦手で、自分の心の敷地に侵入されることを無意識に恐れ回避します。本当は親密になりたいと思っているけど。拒否されたり傷つけられることを恐れるため、近づきたいけど近づけない、もどかしさを抱えています。

自己受容に抵抗を示す人は愛着の不安が強い可能性があります。見捨てられ不安を強く感じると、寂しさや不安を怒りにすり替えて相手にぶつけたり、思い通りにコントロールしようとしたり。その逆で相手の言いなりになってしまったりと、あなたの行動に現れます。

本書では、どの章でも私自身の体験談を書かせていただきましたが、どのエピソードを読んでも至るところに愛着の問題が現れていると思います。あなたにも思い当たる節があるとしたら、子どもの頃に「私は愛されていない」「私は必要とされていない」そう感じることが多かったかもしれませんね。

自己受容や心の境界線の話が、頭では理解できるのにどうしても心がついていかない場合は「インナーチャイルドを癒すこと」が必要です。インナーチャイルドについては、このあと第6章で詳しくお話ししていきたいと思います。

相手との間に線引きすることを「冷たい」と感じる方へ

多くの方が、自己受容や境界線について理解が深まっていくと、次のような言葉を口にされるようになります。「私はずっと夫のことを冷たい人、無関心な人、自己中心的で思いやりのない人だと思っていました。けれど、夫は心の境界線を引いていただけなんですね。」「夫は自己受容ができているのですね。」

この言葉からわかるように、心の仕組みについて学んでいくと、次第に家族に対する見方や受け取り方が変わっていくのです。

私の夫も、境界線を引くことができており、自分の感情を自分で受け止めることができる人です。以前は、そんな夫のことが理解できず、常にイライラしていました。とくに子育てにおいては、違いが顕著に現れていました。

感情的に怒る私と違って、夫は「仕方ないよ」「終わったことをあれこれ言ってもしょうがない」「兄弟姉妹ケンカは当たり前でしょ」と、さらっと受け流すのです（正確には、さらっと受け流していると私が受け取っていただけでした)。

その度に「なんでそんなに無関心でいられるの!」「家族のことなんてどうでもいいと思っているんでしょ!」と、夫を責め立て、自分の気持ちをわかってもらえない、もどかしい気持ちや悲しみを、怒りにすり替えて、ぶつけていました。夫には、どうでもいい話はできるけど、本音の会話はできずにいました。夫に自己開示をし、否定されたら? 拒否されたら? と想像しただけで怖かったのです。それは夫だけでなく子どもたちに対しても同じ思いでした。家族への見捨てられ不安が強かったんだなと、今ならわかります。

健全な夫婦のコミュニケーションが取れるようになったことで、夫が普段、どのように感じているのかを知ることができました。夫は、何も考えていないわけではなく、子どもたちや、もちろん妻である私にも、苛立ちや不安も感じてはいたのです。

しかし、私と大きく違うのは、自分が感じている感情を自分で受け入れ、自分で自分をお世話できているところ。相手との間に境界線を引いたり、ときには物理的距離をとったり、趣味に没頭してストレス発散したり。人になんとかしてもらうのではなく、自分で自分の心を保つことができる人だったのです。

「人は、自分の期待通りにならない」ということも前提にあり、夫はいつも「ありのままの家族を受け入れてくれていたのだ」と気づきました。夫に対して不平不満しかありませんでしたが、モラハラ妻だった私が離婚されずに済んだのは夫のおかげだったのだと、自然と感謝の気持ちが溢れました。

ありのままの自分と向き合うことが嫌で、ずっと目を背けてきた私でしたが、愛着の不安定さや、心の問題と向き合い続けたからこそ、今の幸せがあります。

5　心の境界線、心の敷地を育む手順

①境界線を意識する

心の境界線を育むためにはどうすればいいのでしょうか。その方法をご紹介しますね。

①あなたが最初に取り組むことは境界線を意識することです。意識するだけでも、あなたの発する言葉や行動が少しずつ変わってきます。慣れないうちは、つい意識することを忘れてしまいます。意識するのを忘れて相手に感情をぶつけてしまったときは「振り返り」をすればいいのです。「気づくこと」が大事なのですよ。振り返りは、第4章で学んだセルフモニタリングと、セルフトークを身につける手順を参考にしてくださいね。

②相手の敷地に侵入していることに「気づくこと」が大事

怒るのをやめたいのにやめられないのは、「意思が弱い」とか「性格に問題がある」といったことが原因ではありません。これは「脳」の仕業なのです。第2章の怒りのメカニズムで学んだよう

に、身の危険を感じたら反射的に怒ってしまう神経回路が出来上がっています。この回路を断ち切るためにセルフモニタリングがとても効果的です。今自分は何に反応して、どのような心の動きになっているのか理解することが大事です。

私たちは苦手な状況になると相手の敷地に侵入し荒らしてしまいます。この場合、いきなり侵入をやめるのではなく、まずは自分のクセ（やりがちなこと）を熟知することから始めていきましょう。次の例を参考にしながら自分のクセを確認してみて下さい。

＜自分のクセを確認する＞

・相手がやるべきことに、あれこれ世話をやいたり口を出していませんか？

・「昨日はどこに行っていたの？」「誰とどこに行ったの？」などと、あれこれ詮索していませんか？家族ならすべてを把握するのが当たり前だと思っていませんか？

・自分の好みを押し付けていませんか？　子どもの趣味嗜好を否定したりバカにするような言葉を言っていませんか？「その髪型おかしいわよ」「その服ダサくない？」「それの何が面白いの、意味わかんない」など

・自分の趣味嗜好を相手が興味を示さないことに不機嫌になったり怒ったりしていませんか？考え方を押し付けたり、決めつけていませんか？「どうせうまくいくわけがない」「あなたには向いてない」「普通は○○すべきでしょ」など

・子どもの進学、部活、交友関係など、なんでも期待通りにして欲しいと思っていませんか？

・プライバシーを尊重していますか？　本人が嫌がっているのに勝手に子ども部屋を掃除したり、ノックせずに部屋に入るなど

・相手の持ち物を自分の物のように扱っていませんか？

断りなくスマホや日記を見るなど相手の心の敷地に入っていることに「気づいて、自ら出る」ことが大事です。相手と自分は違う人格で、自分には相手をコントロールすることはできないということを理解しておくだけでも、他者への　関わり方は変わりますよ。

③自分の感情に目を向ける練習をしよう　自分で決める練習をしよう

境界線が脆くなると「相手はどう思っているのだろう」「断ったら相手をがっかりさせてしまうかな」「機嫌が悪そうだな、私に怒っているのかな？」などと、自分の感情よりも相手の感情を心配したり優先するようになります。相手のことが頭の中から離れず、しんどくなります。

主語が「自分」ではなく「他者」になっていることに、まずは気づきましょう。「ああ、私また他人軸になっているな」「顔色伺っていたな」とセルフトークするだけでも、あなたの敷地を守れるのですよ。ここでも自己受容同様、ジャッジはせず、あるがままを見つめてセルフトークするだけでＯＫです。

＜心の敷地を守る方法、自分軸の育て方＞

・物理的に距離をとる、関わらない

・自分は今どうしたいの？　と自分に質問するクセをつける
・相手ではなく、自分の気持ちに目を向ける習慣をつける
・1人時間をつくる
・苦手に感じる相手の正面でなく横に並ぶ
・その場を立ち去る
・必要なときにはＮＯと断ること

他人を優先するのではなく「ＮＯを言えるようになること」や「私はどうしたいのか」と、自分を起点に生きることはもちろん大切です。しかし、いきなり大きく変わろうとするのは心に負荷がかかりすぎるため危険です。

ポイントは「小さなチャレンジ」や「小さな変化」を積み重ねていくことです。自分の心の声に目や耳を傾け、もう1人の自分と相談しながら、できることから取り組んでいきましょう。

また、多くの人が「一度決めたことは絶対にやらなければいけない！」と、0か100かの思考になり「できる、できない」に囚われます。「できる、できない」は重要ではなく「やるも、やらないも自分で決められるんだ」という考えを、当たり前にして欲しいのです。

これまで相手に合わせてばかりでＮＯが言えなかった人は、ＮＯが言えることだけがよいことで、言えなかったら「私はダメだ」となりがちです。言えた、言えなかったは結果であって、大事なのは「自分で決めること」なんですよ。

「できるときもあればできないときもあるよね」を、合言葉に「今日はやってみる？　やれそうならやってみようか？」「無理そうなら次回からにしようか？」など、もう1人の自分と相談しながら取り組むようにしてくださいね。

小さなことからで大丈夫です。「自分で決めること」を続けてみてください。続けて取り組んでいるうちに、自然と自分軸や心の敷地が育まれていきますよ。

④「課題の分離」に取り組もう

課題の分離とは、今自分が悩んでいることは「子どもの課題」なのか「自分の課題」なのかを切り分けて考えることです。「直接的に誰が取り組むことなのか」「誰が影響を受けるのか」と考えると、誰の課題なのかがわかります。

例として、わかりやすいのは「子どもの勉強や宿題」ですね。これは誰の課題でしょうか？　宿題をやらない子どもを見ると、つい口うるさく言ってしまいますよね。けれど、そもそも宿題は誰が取り組むことでしょうか？　勉強をする、しないで影響を受けるのは誰なのでしょうか？「子どもですよね」勉強や宿題は「子どもの課題」ということですね。

過干渉なお母さんは、先回りして口や手を出し、子どもの課題を奪ってしまいます。子どもの課題を親が奪い続けてしまうと、子どもはその後どうなると思いますか？　自分で決めることができず、他人軸で生きることになります。失敗の経験も少ないので挫折に弱い子どもになってしまいます。

あなたは、誰よりも子どもの幸せを願っているはずです。「子どものため」と思って一生懸命やっていることが、逆に子どもを苦しめることになるとしたら、とても残念ですし、がっかりしますよね。「他者の課題」は「他者に返す」こと。他者の課題に踏み込まないこと。意識することから始めてみてくださいね。

0歳～小学校低学年くらいまでのお子さんをお持ちの方へ

幼いお子さんの場合、まだ自分1人でできないことも多く、親のサポートが必要になりますよね。サポートする際に気をつけたいのは、怒鳴ったり無視するなど「子どもに恐怖心を与えて動かそうとしないこと」です。

幼い子どもは「母子一体感」の状態です。成長とともに、少しずつ母子分離をしていきます。親も、年齢や成長に合わせた関わり方が大事になります。思春期の子どもに幼児と同じような関わり方をしていたり、幼児なのに大人同等の扱いをしていたり。これだと問題が生じやすくなります。

私自身、課題の分離のトレーニングに長い間取り組んできました。「子どもが取り組むべき課題」と「自分の課題」と切り分けて考えることは一見簡単そうで、やってみるとすごく苦しくて、簡単なことではありませんでした。

感情が揺さぶられるような出来事が起きたとき、「これは誰の課題？」「これは誰と誰の間で起きている問題？」と、セルフトークし、課題を分離できるよう何度も繰り返し練習してきました。うまく切り分けられないときも、たくさんありました。そんなときは、自己受容に取り組みました。不安や心配な気持ちを１人で抱えきれないときは、人に話を聞いてもらったり、必要なサポートを受けながら、少しずつ自分の感情のお世話ができるようになっていきました。

本書を手にとってくださった方の中には「課題を分離することが大事だということは頭では理解できるのに、どうしても心がついていかない」という方もいると思います。「できない自分を見る」のは、本当につらいですよね。私も通ってきた道ですから、お気持ちがすごくわかります。必要以上に自分を責めないでください。あなたは十分頑張っていますよ。

⑤「相手の感情は相手のもの」相手の感情は相手に返そう

先ほどの課題の分離と類似するお話なのですが、こちらもご相談で多いお悩みなので合わせてお伝えしておきますね。

いつもイライラしていたり、他人の前で不機嫌になる人っていますよね。たとえば、仕事中こちらに聞こえるように大きなため息をつく上司、自分の子どもが一番じゃないと不機嫌になるママ友、言いたいことを言わず、扉をバン！　と強く閉めたり、物に当たることで不機嫌さをアピールする夫など。相手が自分の目の前で不機嫌な態度を示したとき、あなたはどんな対応をとりますか？上司や夫が怒ったり不機嫌になるのは「自分のせい」だと思っていませんか？

あなたに身に覚えがない場合、相手が不機嫌になったり相手が怒っても、それはあなたのせいではないのです。相手の感情は、相手のものであって「相手の問題」なのです。相手の感情は、相手に返すように意識しましょう。

夫は怒りっぽく高圧的なモラハラ気質、おとなしくて優しい妻。この組み合わせの夫婦は多いですね。はたまた、「家庭以外の場所では自分の意見を言えるタイプだけど、夫が怒ると面倒だし、子どもには夫婦ケンカを見せたくないから夫に合わせるようにしてるわ」という人もいます。

「不健康な依存」の話をしたと思いますが、理不尽なことで、怒ったり八つ当たりしたり、不機嫌をアピールする夫は、妻に依存している状態です。夫の感情のお世話を、妻がすればするほど夫の依存は強まっていきます。家族思いのお母さんは「私さえ我慢すればうまくいく」とつい思いがちです。しかし、その思いとは全く逆の現実を招いてしまうことはめずらしくありません。モラハラやDVがこのパターンですね。この状態は、第1章でお話した「機能不全家族」だと言えます。

「夫の感情は夫に返すこと」をまずは、意識することから始めていきましょう。

感情を返すとはどういうことか具体的にお伝えするなら「なんでも自分のせいだと思わず、ご機嫌とりをやめる」ということです。ご主人の不機嫌さを感じて不安になったら、すかさず「夫の感情を自分のせいだと思っていない?」「私がなんとかしようとしなくていいんだよ」と、ご主人との間に心の境界線を引き、セルフトークするようにしましょう。「心の敷地を守る方法、自分軸の育て方」を参考にしながら、できることから少しづつ取り組んでみてくださいね。

6　家族で幸せになるために 世代間連鎖を断ち切りたい ～受講生の体験談

子どもへの暴言、叩くことをやめたいのにやめられない

Yさんは、小3の男の子と、2歳の女の子の2人のお子さんを育てているシングルマザー。Yさんの一番の悩みは、子どもに対するイライラが止められないことでした。特に息子さんに対して、人格を否定をするような言葉を投げつけたり、手も上げている状態でした。

2人目を出産してから特に余裕がなくなり、息子への暴言や暴力が悪化していきました。娘が生まれる前までは、息子に対しても可愛いなという気持ちで接していたのに、娘が生まれたことによって、いろんなことがよくない方向に変わっていきました。

ヒステリックな母親との関係性に悩まされる日々

息子さんへの暴言や暴力以外にも、Yさんを思い悩ませていたのが「母親」の存在でした。仕事の都合上、週に数回どうしても帰宅が遅くなってしまう日があり、その日は母親に自宅に来てもらって子どもたちの面倒を見てもらわないといけませんでした。

Yさんの母親は、自分の思い通りにならないと不機嫌になる人で、Yさんが何か言い返そうもの

ならヒステリックに怒鳴りちらし、物に当たり「べき、ねば」といった強い固定観念がたくさんある人です。少しでも部屋が汚いと機嫌が悪くなるので、自宅に来てもらう日は「家の中をピカピカにしておかないといけない」「台所のシンクの中に食器が1つでも残っていたらいけない」「洗濯物も必ず洗って干してないといけない」など、細かいルールがありました。

母親の言うことは絶対だったので、母親が過ごしやすいように自宅を整えてから仕事に行くようにしていました。

母親のそういうところが「しんどいな」と、常々感じていました。しかし、子どもたちの面倒を見てもらうためには我慢しなければならない。ベビーシッターや家事代行も考えたけれど、金銭的にもそうそう何回も利用はできないし、何より母親が他人を家に入れることを過剰に嫌うため断念しました。転職も考えたけれどシングルマザーのYさんにとって、今このタイミングで仕事を辞めるのは現実的ではない。

どうすることもできないまま時だけが過ぎ、仕事に家事に子育てに心身ともにギリギリの状態でした。息子への暴言、暴力は減るどころか、どんどんエスカレートしていく自分が恐ろしくなりました。頭ではいけないことだとわかってるのに、いざ息子を目の前にすると自制がきかず手が出てしまう、暴言を吐いてしまう。そのループを断ち切ることができずにいました。

「これは私がおかしいのではないか」と、今の自分の状態に危機感を持ったYさんは、カウンセリングを探しはじめました。ネット検索する中で実践プログラムが目に留まり、ホームページを読み進めていく中で「今、私が息子に対してやっていることは、もしかすると自分の幼少期と繋がっているのかもしれない、家庭環境が影響しているのかもしれない」と、自分の生育過程に問題があるのではないかと疑ったのは、このときが初めてだったそうです。

機能不全家族で育った幼少期

Yさんは幼少期、両親と妹と母方の祖父母と一緒に住んでいました。祖父は暴言、暴力が当たり前の人でした。何かあると娘を（Yさんの母親）部屋に呼びつけ説教をするのが日常茶飯事で、ビール瓶を投げつけたこともありましたし、日常的に暴力もありました。

母親は祖父の部屋から帰ってくるといつも泣いていました。Yさんの母親も、幼い頃から親から暴言、暴力を受けて育ってきたのです。

Yさんが物心ついたときから、母親は何か気にくわないことがあると手が出る、足蹴りが出る人でした。家自体がすごく厳しくて、今思えば変なルールが多い家庭でした。

洗濯物が少しでも溜まったらすぐに洗濯機を回さないといけない。祖父の目に留まると「溜まっとるやないか！」と、母親を怒鳴りつける。母親は祖父に怒られるのが嫌だからと、タオルが2〜3枚溜まっただけで洗濯機を回していました。

家は常に祖父を中心に回っていて、祖父が夕方5時半に晩ご飯を食べるから、その時間には「みんな揃っていなさい」と言われてきました。洗濯物が取り込まれたら、すぐにたたみに行かないといけなかったし、お手伝いをするのは当たり前だと思っていました。

Yさんの父親と祖父は折り合いが悪く、父親の悪口をよく聞かされました。そんな家だったから か父親はあまり帰ってきませんでした。

Yさんは明らかな機能不全家族で育っており、話を聞けば現在の至るところに祖父や母親の影響があることは一目瞭然でした。Yさん本人は明るくて親しみのある素敵な方です。しかし、子育てや家族のこととなると、何が正常で何が異常か、どこまでがしつけでどこからが虐待になるのか線引きがわからないような状態でした。

アンガーログで自分の怒りのパターンを知る

改善に向けて、まずはじめにすることは「現状の把握」です。どんなときに怒っているのか、どんな状態になると手を上げているか、何に反応しているのか把握するためにアンガーログをつけていきます。一定期間記録をつけていくと、その人独自の「怒りのパターン」が見えてきます。

パターンがわかったら、その原因となるものを見つけ、どうしたら自分がラクになれるかを一番に考え、改善に必要なことをスモールステップで取り組んでいきます。

人がイライラするときは、次の3つのうちどれかが当てはまる傾向にあります。

①時間の余裕がないとき（時間がないとき）
②体力に余裕がないとき（身体がしんどい）

③お金の余裕がないとき

Ｙさんの場合、①と②が該当していました。子どもたちへの暴言や暴力を減らしていくためには「心身の余裕を意図的につくること」が必要だと考えました。この「意図的につくる」というところがミソなのです。心身の余裕は、自分でつくらないと誰もつくってはくれません。

子育て中は、どうしても子ども中心の生活になりますよね。子どものお世話にかかる時間や労力はゼロにすることはできませんが、自分次第でラクにすることは可能です。しかし、多くの人が、自分が変わるのではなく子どもを変えることにエネルギーを注ぎます。

Ｙさんには、たくさんの思い込み「べき、ねば」がありました。どんなに疲れていても仕事も家事も子育ても手を抜くことができず、自分で自分を追い込み心身の余裕がない状態でした。思い通りにならない子どもたちを変えることに必死になっていたので、視点を変えるように促し、子どもをコントロールするのではなく、自分次第でラクになれる方法を一緒に考えるようにしました。

母親から刷り込まれた呪縛を手放す

たくさんあった思い込みの中でも印象に残っているのは、毎朝の味噌汁です。母親からの呪縛で「毎朝、味噌汁はつくらないといけない」という強い思い込みがありました。産後で体がボロボロでしんどくても、味噌汁だけは毎朝欠かさずつくり続けてきたそうです。

朝はどの家庭でも時間に余裕がないことが多く、誰でもイライラしやすい時間帯です。タイムリミットがある中、2歳の娘がぐずったり、息子がなかなか準備をしないなどイレギュラーなことも多く、ただでさえイライラしやすいのに、そこにプラスして味噌汁をつくらなければならないと脅迫的になっていたため、朝は高い確率で大爆発していました。

そもそも「味噌汁は毎日ないといけないもの？」というところから丁寧に対話を重ねていくことで「絶対になくてもいいもの」だと気づきました。思い込みを手放せてからは、余裕があれば味噌汁をつくる、余裕がない日は「食パンだけ」状況によっては「目玉焼きとパン」といったように、メニューを柔軟に変えることができるようになりました。

この他にも食事のたびに食べ散らかす娘がイライラの種でした。「娘はまだ2歳なんだから仕方ない」と頭では理解できるのに、どうしてもイライラが抑えられませんでした。娘が床を汚すたびに重たい掃除機を持ってきてコードをつないで食べカスを吸い取る…たったそれだけのことだけど、すごく億劫でとにかくイライラしてしまう。

それが忙しい朝であれば一瞬でブチ切れてしまいます。娘が食べ散らかさないようにと躍起になっていましたが、2歳の子どもにとっては到底無理なことです。

そこで私は「掃除機をコードレスタイプの物に買い換えませんか」と提案してみました。「今ある掃除機もまだ壊れてないしな」と、買い換えることに罪悪感を感じながらも、Yさんは購入を決意。掃除機を買い換えたことで得られた驚きの変化は次の通りです。

①これまでの重かった掃除機と比べると、とにかく軽い！　身体がラク！

②リビングに置いたままでも邪魔にならない、常にリビングにあるから取りに行く手間が省ける
③コードレスだからコンセントに繋ぐ手間が省ける
④娘が食べ散らかしてもすぐに掃除機で吸い取れる、その結果こぼされてもイライラしない
　掃除機をかけることが億劫ではなくなったことで、床にこぼされることへのストレスがなくなり、心身に余裕が生まれたことで、娘に対しても余裕を持って接することができるようになりました。はじめは半信半疑でしたが「こんな小さなことを変えるだけで、こんなにもラクになれるんだ」「イライラしなくなるんだ」と驚いていました。

　この経験から「変えられない娘を変えようと必死になるより、私が変わった方が圧倒的に早いしラク！」ということを学びました。以前までは、娘に対して感じているイライラの矛先が、息子に向かうことが多くありました。娘と息子へのイライラは別物だと捉えがちですが、すべて繋がっているのです。

　思い込みを、いくつか手放せただけでも不自由だった心が軽くなり大爆発することも減っていきました。心身に余裕が生まれたことで、息子と話す時間も持てるようにもなりました。あんなに怒りの衝動を抑えられなかったのに、気づいたら数か月も息子を叩いてないことに驚いていました。

　母親に対して感じていたストレスも、母親と直接対決することなく改善することができました。母親の影響を多大に受けていたことに気づけたことも大きかったと思います。「母親は変えられな

い、変えられるのは自分だけ」この原則を前提に置いて、過去の傷を癒しつつYさん自身の考え方や受け取り方を変えることに注力しました。

自分の心の持ちようが少し変わるだけでも、母親の小言を聞き流せるようになり、今まで嫌でたまらなかったことが自然と気にならなくなっていきました。以前と比べて母親との言い合いもグッと減り、その結果、母親のＹさんに対する暴言や物にあたる行為も減っていきました。

多くの人が、自分を変えようとするとき「大きな変化を起こさなければいけない」と思いがちです。実は、そこが大きな勘違いです。日常の小さなストレスにこそ目を向け、改善していくことが重要です。食事、洗濯、お風呂に関するストレスは、毎日感じるわけですからね。日常に関わる思い込みやストレスを改善することで、結果大きな変化に繋がります。

まずは、あなたが日々感じている小さなストレスに目を向けることから、はじめていきましょう。

虐待は決して他人事ではありません 誰にでも起こり得ることです

人は、心身ともに満たされている状態にあれば子どもに暴言を吐いたり叩いたりしません。虐待が起きるときは、大切な我が子を虐待してしまうほど「切羽詰まった状況にある」ということなのです。

自分のことになると冷静な判断ができなくなり、視野も狭くなります。状況が悪化する前に、自治体や行政の支援、カウンセラー等、今のあなたに必要なサポートを受ける勇気を持ってくださいね。

第6章　子どもの頃の自分と出会う
〜インナーチャイルドを癒すワーク

インナーチャイルドは潜在意識の中に存在する

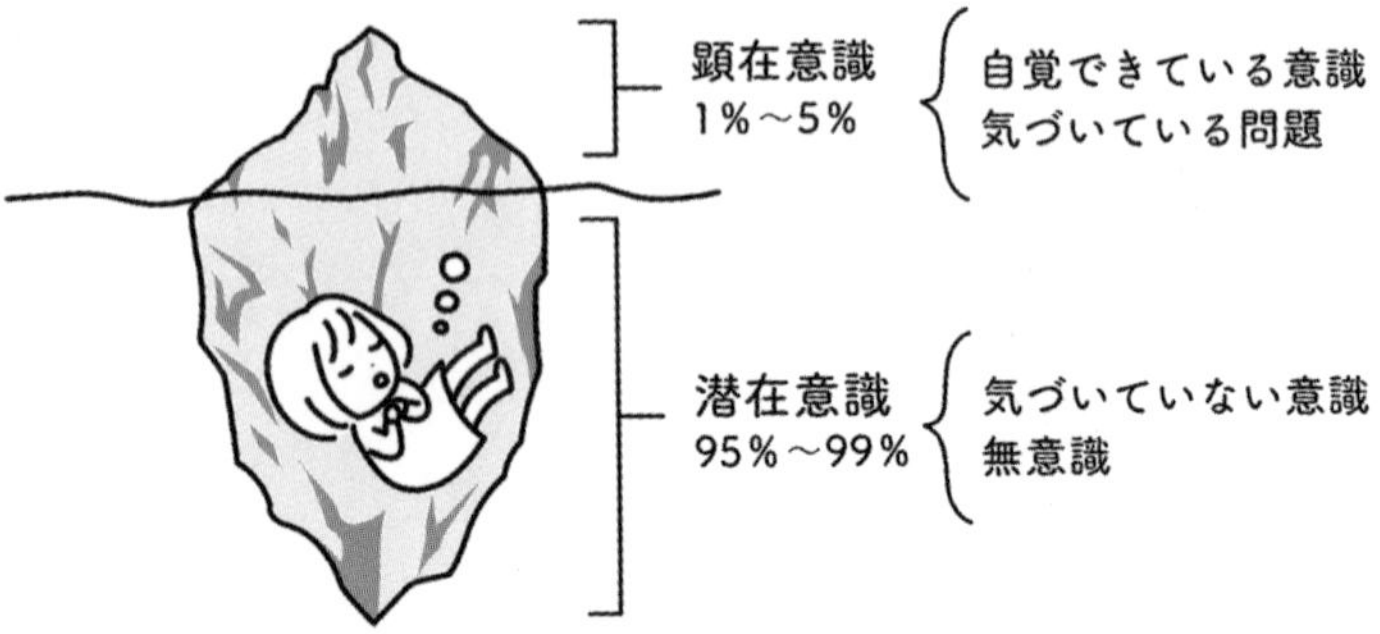

1　あなたの中に棲む 内なる子ども

インナーチャイルドとは

さて、いよいよ最後の章となりました。あなたは今、何を感じていますか？　子育てがつらかった理由がわかりホッとしていますか？　あるいは、自分の子育てを後悔し、ショックを受けた方もいるかもしれませんね。感じ方はみなさんそれぞれだと思います。最終章では「インナーチャイルド」についてお話していきたいと思います。

インナーチャイルドとは、直訳すると「内なる子ども」自分の中にいる「子どもの自分」がインナーチャイルドです。インナーチャイルドは誰の中にも存在します。

インナーチャイルドと合わせて「潜在意識」についても簡単にお話しておこうと思います。人間の心は「潜在意識」と「顕在意識」この2つで構成されています。潜在意識を一言で説明すると「あなたが自覚していない意識」、無意識ともいいます。一方、顕在意識とは「あなたが自覚できている意識」のことを指します。驚くことに、私たちが自覚できているのは、たったの1%～5%程度。残りの95%～99%は、無意識だということです。

潜在意識には、五感（視覚、聴覚、嗅覚、触覚、味覚）を通じて体感したこと、過去の経験や過去に得た知識、子どもの頃の経験のほとんどが保管されています。インナーチャイルドも潜在意識の一部だと思っていてください。

インナーチャイルドの特徴

インナーチャイルドは、主に幼少期や思春期の経験によって形成されるものです。私たちの人格形成や行動パターンに、自己理解や成長において大きな影響を与えています。

あなたの中には、傷ついたインナーチャイルドだけでなく、明るく陽気なインナーチャイルドも存在します。傷ついたインナーチャイルドは、些細なことで怒ったり、すねたり、悲しんだり、自分に自信が持てず他人からの評価や賞賛を求めます。失敗を怖がります。他人に頼りすぎたり自立を恐れる傾向にあります。他者との距離感がうまくつかめず境界線も曖昧になります。

一方、明るく陽気なインナーチャイルドは、無邪気で純粋、好奇心旺盛、自分の直感やインスピレーションに従って行動します。

2　インナーチャイルドの癒しがなぜ必要なのか

わけのわからないイライラや嫌悪感はありませんか？

あなたは日頃、次のように思うことはありませんか？

・泣いている子どもを見ると無性にイライラする、子どもの鳴き声に耳を塞ぎたくなる
・子どものわがままが許せない
・子どもを目の前にすると反射的に怒ってしまう、理性を保てない
・子どもだからと寛容になれない
・「子どもだからしょうがない」のフレーズがとにかく嫌
・他人の子には優しくできるのに自分の子にはできない
・抱っこや添い寝などスキンシップに嫌悪感がある
・上の子にだけイライラが止まらない
・自分でも驚くくらい怒鳴ったり、暴言が止められない
・子どもを痛めつけたくなる衝動に駆られる
・甘える人、すぐ人を頼る人を見るとイライラする
・家事も育児も人任せの夫にイライラする

・子どもができてから自分ばかりが犠牲になっている気がして腹が立つ
・家族といても孤独を感じる
・夫からの気遣いや感謝の気持ちが感じられない
・家族といても怒ってばかりで心が休まらない

インナーチャイルドが傷ついたままだとどうなるの？

インナーチャイルドが傷ついたままだと、次のような弊害が起きます。
・過去の怒りや悲しみの感情が子育てやパートナーで再現されます
・子どもを愛せない、可愛いと思えない
・怒り出すと止まらない、怒りの衝動を抑えられない
・相手に自分のことを無条件に受け入れてもらえないと怒りが湧く（傷つく）
・いい人、いい子であることを無意識にアピールしてしまう
・役に立たないことへの罪悪感が湧く
・自分の意見を通したくなる、あるいは相手の意向や期待に応えなければと思う

インナーチャイルドは、自分でも気づかないうちに発動し、理性ではコントロールができません。あなたがこれまで、やめたいのにやめられなかったことや、頭では理解できるのに自制できなかったのは、そのためです。

子どもの頃に親から満たしてもらえなかった願望や欲求を、そのままにしておくと次第に他人に求め、特に親密な関係であるパートナー、子どもに求めるようになります。

相手の対応が期待通りでないと心が満たされず、インナーチャイルドが暴れ出し、怒ったり不満をぶつけるようになります。

親への期待を他者に求めても、相手は親ではないため親と同等の対応が難しいのは当然のことです。しかし、当の本人はそれがわからないのです。

はじめは夫も妻の要求に応えようと頑張るのですが、同じことで繰り返し責められたり、謝罪も受け入れてもらえなかったり、泣いたり怒ったり感情の起伏が激しい妻の対応に疲れ果ててしまうのです。

夫や子どもは、プロのカウンセラーではありませんから、受け止めきれなくなるのは仕方のないことなのです。

子どもたちの心の叫び

インナーチャイルドが癒されず放置されたままだと、子育ての悩みや問題、人間関係の困難さなどを通して「未消化の感情」が浮上します。

トラウマは普段、心の中に冷凍保存されているのですが、過去に傷ついた場面と同じような状況や、似たようなシチュエーションになったとき、冷凍保存されていたトラウマが瞬間的に解凍されます。

そうすると、当時感じていた嫌な気持ちや、身体が覚えている不快な感覚などがブワッと溢れ出してしまうのです。トラウマは時間がたてば解消されるものではなく、癒してあげない限りずっと心の中に残ります。

あなたの心の奥に置き去りにした傷ついたインナーチャイルドは、幼い頃の「小さなあなた」です。激しい怒りや嫌悪感は、子どもの頃の自分からのSOSなのです。あなたに気づいてもらうために必死に叫んでいるのですよ。「助けて」「寂しいよ」「悲しいよ」と訴え続けているのです。

傷ついたインナーチャイルドを放置している場合、症状としてよく見られるのが「追体験」です。追体験の例としてよく見られるのは「自分がされて嫌だったことを、自分の子どもにも同じように繰り返してしまうケース」これは一番わかりやすいものですね。

我が子を抱きしめられない母親たち

私はまさに、この追体験を経験しました。

追体験とは、一般的には作品などを通して見たり聞いたりした他人の体験を、自分事に捉え直して感じることを指しますが、心理学において追体験は少し意味合いが違います。「なぜ、あの人はそうなってしまったのか」を理解するために、自分自身を同じような状況においたりします。わかりやすい例に「自分がされて嫌だったことを、自分の子どもにも同じように繰り返してしまうケース」があります。

なぜ、そのようなことをするのでしょうか。それは人生をかけてその人（母親）を理解したいからなのかもしれません。

私の両親は、私が小学2年生のときに離婚し、その後は母1人で私と弟を育ててくれました（私の生い立ちについては第1章をご覧ください）。生活面では何不自由なく育ててもらいましたが、母は子どもに無関心な人だったので、情緒的な繋がりは乏しく、心が満たされないことが多かったように思います。

母は、子どもに無関心だったと言いましたが、私から見ると、息子（弟）には関心を寄せているように感じていました。子どもの頃は弟との愛情の差を感じて寂しく思っていました。幼い私は、母になんとか関心を寄せて欲しくて、さまざまなことを頑張ってきました。運動音痴だったため、習字、作文、絵画などで賞がもらえるように頑張りました。母を困らせないように、わがままも言わないように努めました。

祖母も弟びいきだったので、私も気に入られたい一心で、機嫌を損ねないように怒られないように、常に祖母の顔色を伺っていました。見捨てられないようにいろいろ頑張ったけれど、それでも母は振り向いてくれませんでした。また、小学生の頃には近所の同級生の女の子から仲間外れにされたり長いこといじめられました。私にとって幼少期の思い出は、とにかく嫌なことばかりで、家庭も安心して過ごせる場所ではありませんでした。

思春期を迎える頃には母への期待もなくなり、幼い頃に感じていた寂しさや悲しみは、次第に怒りへと変わっていきました。結婚する前から「私が母親になったら、絶対にお母さんのようにはならない」と強く思っていました。

それなのに…娘を産み母親になった私は、お母さんそっくりの母親になっていました。皮肉にも私が産んだのは女の子と男の子。お姉ちゃんと弟。ここでも過去を再現してしまったのです。

息子が生まれてから、私の子育てはどんどんおかしくなっていきました。息子には感じないのに、娘にはなぜか嫌悪感を抱いてしまうのです。弟が生まれてお姉ちゃんになったとはいえ、まだ幼かった娘は、母親にスキンシップを求めてきました。けれど私は、娘を抱きしめてあげることがどうしてもできなかったのです。なぜなのか当時の私には理由が全くわかりませんでした。ただ唯一わかっているのは「私はダメな母親」だということ。たくさん自分を責めました。

娘は笑顔が可愛くて、歌や踊りがとても上手で、弟の面倒もよく見てくれる本当に愛らしい子でした。叱ることなんて1つもなかったのに、私は感情的に怒ってばかりでした。娘は、私の似顔絵を書いてくれたり、手紙を書いてくれたり、こんな私に「ママありがとう、ママ大好きだよ」とたくさん言ってくれました。けれど、そんな娘を見るたびに「やめてよ」「そんなことしないでよ」と跳ね除けたくなるのです。そんな自分が心底嫌になりました。あの頃は本当に苦しかったです。

それから何年ものときを経て、あのとき、自分にはどうすることもできなかった怒りと嫌悪感の正体は「追体験」だったのだと理由がわかりました。「だからだったのか」と安堵しました。

当時、目の前で見ていた小さな娘は、どんなに頑張っても振り向いてもらえなかった「子どもの頃の私」そのものだったんですね。娘を見るたびに、子どもの頃の寂しかった気持ち、親からも友達からも愛されなかった惨めな気持ちが蘇り、過去を再体験しているかのような感覚になるから苦しかったのです。だから跳ね除けたい衝動に駆られたし、娘を抱きしめてあげることができなかったのだと、過去と現在が繋がりました。

また、母親として「ちゃんとしなければならない」という気持ちが強かった私は、娘と接するたびに「できない私」を見なければいけないわけです。子どもを愛せない私、優しくできない私、理想の母親像から遠くかけ離れた自分を見るのが本当につらかったのです。自分の心を保つために「あんたが私を嫌な気持ちにさせるからいけないんだ」と、娘のせいにしたい心理が働いていたこともわかりました。

母親劣等生の私と、みんなに愛されず惨めだった子どもの頃の私と。両方を見せられることがつらかったのです。まさにインナーチャイルドの悲痛な叫びでした。

当時のことを思い出すだけで、今も胸がぎゅっと締め付けられます。娘をたくさん傷つけてしまったけれど、私自身も、幼い頃にたくさん傷つき、ずっとずっと苦しんできたのです。「もう十分、頑張ってきた。いい加減この苦しみから解放してあげたい」そう思いました。

「愛されたい」という切なる願い

満たされないままの、幼児的願望（子どもの心理）は、あなたの中にずっと蓄積され続けています。幼児的願望とは「私を愛してほしい」という心の叫びです。いつでも「褒められたい」「すごいね」って言われたい。「自分が得したいし損したくない」でも大人だからそんな自分には気づかれたくない。「あなたが正しいよ」と言われたい。「そうかそうか、わかるよ。子育て大変だよね」と、自分のつらい気持ちを汲んでもらいたい。このような子どもの心理が、心の中でたくさん渦巻いているのです。

子育てをしていると、「なんで私ばかりがやらなきゃいけないの？」と理不尽に感じることはありませんか？　つらいことや不安に感じることもたくさんありますよね。

仕事は頑張れば感謝の言葉ももらえるし評価もしてもらえますが、家事や育児に関しては誰も評価してくれないし、感謝もされていないように感じてしまいますよね。

これらは子育て中のお母さんであれば、誰もが当たり前に感じる気持ちかもしれません。しかし、インナーチャイルドが傷ついたままになっていると、その何倍もの不満や憤りを感じてしまうのです。自分の感情をコントロールできないのはそのためです。

このような状態で子育てをするのは、とてもしんどいです。小学生の子どもが、子育てしたり、主婦業やったり、会社勤めしていることを想像してみてください。ものすごく大変ですし、つらいですよね。今のあなたは、そのような状態にあるということです。憤りや苦しみを誰にも悟られないように必死に隠し、1人で戦い続けているあなたを早くラクにしてあげてください。救いの手が必要なのは「あなた」なのですよ。

3　インナーチャイルドを癒す6つのステップ

あなたの中の前提を変える「子どもらしい姿とは」

インナーチャイルドの癒しが必要な人は、子ども時代を子どもらしく過ごせていません。そのため、子どもらしさが理解できず「そもそも子どもらしさとは、どういう状態なのでしょうか？」と尋ねられる人も多くいらっしゃいます。癒しの工程に入る前に「子どもらしい姿」とはどんなものかを、再設定し直す必要があります。前提が違えば、そこから変えることが必要になるのです。
〈本来の子どもらしい姿〉

・自分が一番
・わがまま
・裏表がない
・自由
・素直
〈子どもらしくない姿〉

・親や兄弟姉妹を優先する
・よい子でいようと努める
・親や大人の顔色を伺う
・我慢する
・怒られないようにする
家庭は、それぞれが「ありのままの自分に還る場所」で「感情が行き交う場所」です。とくに、幼い子どもは、自分の感情や欲求を隠すことなくあらわにします。「これがしたい！」「あっちのほうがよかった！」と、泣き叫んだり、気に食わないことがあると、自分の気持ちを全身で表現しますよね。自分の気持ちが、お母さんに伝わらないと「ママ嫌だ！　あっち行け！」と、自分の気持ちを直球で投げてきます。思春期の子どもも同じです。ムスッとしたり、反論してきたり、部屋に閉じこもったりと、自分の気持ちを自分なりの表現で表します。

あなたはこんなとき「子どもだからしょうがないな」「中学生とはいえ、まだまだ子どもね」などと、寛容になれたり、ありのままの子どもを受け止めることができるでしょうか。

健全な大人は自分の感情のお世話は自分でできますが、子どもは心の発達が未熟で、相手の立場に立って物事を考えることができません。親に自分の感情を受け止めてもらいながら少しずつ大人になっていきます。未熟な子どもを叱りつけたりコントロールするのではなく、気持ちを受容した上でダメなものはダメだと伝えるのが親の役目なのです。

第4章で、あなたの心を不自由にする思い込み「ビリーフ」について詳しくお伝えしたと思います。境界線が脆いお母さんたちのほとんどが「感情を出してはいけない」「感情を自由に感じてはいけない」というビリーフをもっています。子どもの頃に自分の感情を出すと親が不機嫌になったなど、なんらかの理由で、自分の感情を出せなかった場合に、このビリーフはつくられます。「前提を変えると家族が円満になる」こちらについてもお話したと思います。

まずは、子どもらしさとはどんなものか、「感情は自由に感じていい」ということを前提におく必要がありますね。子どもの頃に感情を出すことを禁止されてきた人は、感情を出してしまうと悪いことが起きると無意識に思い込んでいます。「家族が崩壊してしまう」とまで思っている人もいます。前提を変えるためには、今まで持ち続けていたビリーフに気づき、少しずつ緩め「感情を自由に出しても家族は崩壊しない」と安心することが必要です。

ビリーフを手放す際には「安心」が必要不可欠なんです。「手放さなければならない！」と自分に厳しいセルフトークをしてしまうと、ビリーフはさらに強まっていきます。手放す際には、もう1人の自分が温かく寄り添い、安心を与えるセルフトークを繰り返します。

そして、つらいときには自己受容すること。ありのままの自分に寄り添い、自分との対話を繰り返していくうちに「感情は感じていいんだな」と、心から思えるようになっていきます。自分の内面が変わることで、子どもへの思い込みも手放すことができるのです。

子育ては、自分の心と向き合いながら子どもを見守ることがとても大事です。子どもが幸せになるために何よりも大事なことは「あなた」が、安心を感じながら暮らせるようになることですよ。

癒しのステップ①：インナーチャイルドに気づく

まずは自分の中にいるインナーチャイルドに気づき「自覚すること」が大切です。自分が、何に反応してどう感じたのか、セルフモニタリングをしたりノートに記入し振り返りをするといいですね。正直、面倒な作業ですが、やり続けることで共通のパターンが見えてきます。客観的に自分を見て分析できるようになることで、つらい感情に呑み込まれて抜け出せなくなることが減ります。

自分の身に何があったのかなど、過去を振り返ることが苦しく感じる人もいます。そんなときは、無理に原因探しをする必要はありません。ざっくりと「子どもの頃の経験が、今の私に影響を与えているんだな」ということだけ理解してあげたら、それで十分です。無理矢理、思い出すのではなく自然に思い出すこと。それが理想的です。

癒しのステップ②：否認に気づき、傷ついた事実を認める

傷ついたインナーチャイルドを、割とすんなり受け入れられる人と、そうでない人とに分かれます。後者の場合「否認」が強く現れます。否認が強い人は「自分には傷なんてない」「両親には何不自由なく育ててもらえてた」「親には親の事情があったんだ、だから仕方がなかったんだ」「私の傷なんて大したことない」などと、いい子でいようとする自分や、物わかりのいいお利口さんの自分が出てきて、インナーチャイルドの声に蓋をしてしまいます。過去の傷を認めたくない自分も出てきます。

認めてしまうと「自分は可哀想な子だったんだ」と、惨めな気持ちになったり悲しくなるので、自分を守ろうとして無意識に抵抗するのです。「気づく、否認する」を繰り返していくうちに、少しずつ心の準備ができてきます。無理のない程度にセルフモニタリングを続けていきましょう。

癒しのステップ③：嘆く、怒りを出す

子どもの頃を振り返りながら「もっと○○したかったな」「あのときは本当につらかったな」など、ありのままの気持ちを言葉にしていきましょう。今まで蓋をしてきた気持ちを解放すると、親や周りの人に対して強い怒りを感じることもあるでしょう。怒りを感じることはとても自然なことなのですが、怒りを感じることに罪悪感を持つ方も多いです。

自分1人では、感情を抱えきれなくなることもあります。そのようなときは、カウンセラーなど専門家のサポートを受けることも視野に入れてみてください。

自分自身で癒す方法もありますが、カウンセラーとともに癒していくこともできます。とくにアダルトチルドレンや愛着の不安定さを抱えている方の場合は、専門家のサポートが必要な場面が多くあります。自分1人では気づけないことや問題点も専門家が導いてくれますよ。

癒しのステップ④：自己受容 ありのままの自分を受け容れる

自分を育て直すステップです。自己受容の育み方は第4章で詳しく解説しています。そちらを参考にしながら取り組んでいきましょう。

癒しのステップ⑤：心のクセを修正する、再構築する

自己受容に取り組みながら、心を不自由にする思い込みを手放したり、新しいビリーフを再決断したり、心の敷地や境界線を育て直すことにも取り組んでいきましょう。

つまり心の土台づくりに取り組むことですね。土台づくりの方法は、本書の中にすべてまとめてあります。何度も読み返して実践し、揺るぎない土台を育んでいきましょう。

癒しのステップ⑥：幸せな日常、穏やかな環境に慣れる、定着させる

①～⑤までの行程はどれも大事なものですが、意外と見逃しがちで、とても大事になるのが「慣れる」という工程です。さまざまなことに取り組み、新しい自分が育ちはじめた頃に「新しい自分や環境に戸惑う」という人は意外と多いです。

幸せになるために、変わりたいと思って一生懸命取り組んできたはずなのに「怒っていない自分は、なんか私らしくないかも」などと、穏やかな自分に戸惑ったり、これまで悩んでいることのほうが当たり前だったので、今度は何も悩んでいないことに罪悪感が湧き、無意識のうちに新たな悩みを探そうとしてしまう人もいます。「嘘でしょ？」と思うかもしれませんが、よくあることなのです。長い間生きづらい環境にいた人は、幸せな状態を居心地が悪く感じてしまうのです。幸せに慣れないのです。「喜んだあとに、もっとひどいことが起こるのではないか」と、喜ぶこと自体、禁止しようとする人もいます。

あなたがあなたらしく生きていくこと、穏やかな日常に慣れることも回復のプロセスの大事な工程だということも忘れないでくださいね。

また、穏やかな日常に慣れた頃に、ほんの少しイライラすることがあったり、過去の自分が見え隠れしたときに「やっぱり私は変われない、元に戻ってしまった」とプチパニックになる方がいます。忘れないでください。心の土台が育っても、これから先も悩むことはあるし、イライラしてしまうこともあるし、予期せぬことが起こることもあります。

人生にはいろんなことがあるということを前提におくことです。何もないほうが逆に不自然ですし、あって当然なんですね。今、あなたが目指しているのは、悩まない落ち込まない完璧な人間になることではありません。

悩んだり落ち込むようなことがあったときに、自分と向き合い、自己受容を深めながら、落ち込んだ心を「回復させる力」を身につけることが大事なのです。人間はすぐに忘れる生き物ですから、心に留めておくといいですね。

4　過去でも未来でもなく「今」を幸せに生きるために

インナーチャイルドを癒す究極の方法とは

私自身、インナーチャイルドの癒しに取り組み回復を遂げた経験と、たくさんのお母さんたちの癒しのサポートをさせていただく中で「真のインナーチャイルドを癒す方法はこれだな」と、日々確かめ続けていることがあります。

真のインナーチャイルドの癒しには、先ほどお伝えした6つのステップがもちろん大事で、1つひとつ取り組むことが必要です。しかし、最終的に「必ずここは外せないよ」と思っていることがあります。それは「今の自分が幸せを感じながら生きられるようになること」です。何気ない日々の中で「ああ、今幸せだな」と思えるようになること。これが究極のインナーチャイルドの癒しだと、私は思っています。

悩みを解消するためにはインナーチャイルドの癒しが必要だと知ると「インナーチャイルドを癒やせば私も変われるんだな」と思い、インナーチャイルドの書籍を買って読んでみたり、ワークショップに参加してみたり、カウンセリングを受けたり、インナーチャイルドを癒すという「手段」

に囚われていきます。

傷を癒すことは大事です。しかし、どれだけ心の傷を癒しても、現在の生活に不平不満ばかり感じていたり、今そこに「ある」幸せを感じる力が育ってなければ、きっとまたすぐに元の自分に戻ってしまいます。永遠に癒しのワークから抜け出せません。つらくなれば、親のせい、人のせい、環境のせいなど何かのせいにしたくなるでしょう。しかし誰のせいでもないのです。

「幸せになる」ことはあなたの「感じ方が変わる」こと

誰かのせいにするのではなく、「私はどうしたいのか」「どんな自分でありたいのか」「今を幸せに生きるために、自分次第でできることはなんだろう」この考え方、心のあり方になることで、現実が変わりはじめるのです。

今が「幸せ」と思えるようになれば、過去に囚われることもなくなります。「あのときのつらい出来事があったおかげで私はこんなにも成長できた」「日常の何気ない幸せに気づける自分になれた」と、過去のつらかった出来事にさえ感謝できるようになります。

幸せになるということは、あなたの「感じ方が変わること」だと、私は思っています。同じ家族、同じ生活、今までと何ら変わらない日常でも、今までとは違う「感じ方、見方、受け取り方」に変わるだけで、あなたが生きている世界は温かな安心の世界に変わります。どうか、あなたの生きる世界が優しさで溢れますように。あなたは幸せになるためにに生まれてきたのだから。

5　怒りの奥にあったのは傷ついたインナーチャイルドでした～受講生の体験談

きっかけは「子育て」でした

Cさんは中学生の息子さんと、ご主人の3人家族。Cさんの一番の悩みは「子育て」でした。息子が幼い頃は、自分の言うことをきかないことにイライラし、感情的になって「あーしなさい！こうしなさい！」と泣くまで怒鳴り続けていました。スキンシップを求めてくる息子のことを、なぜか受け入れられず、抱きしめてあげることができませんでした。

虐待のニュースを観るたびに「虐待をしてしまうお母さんの気持ちがわかる」と思っていました。「私もいつかニュースのようになってしまうんじゃないか」と不安ばかりがふくらみました。それでも怒ることがやめられず、怒りのスイッチが入ると息子を傷めつけたくなるような衝動に駆られる自分がいました。息子が寝た後に自己嫌悪に陥る日々でした。

幼かった息子も成長し思春期を迎え、中学生になる不安からか「母ちゃん俺のこと好き？」と聞いてくることが何回もありました。「好きだよ」と、すぐに答えられない自分が嫌でした。「たった1人しかいない大切な息子なのに、どうして好きだと言ってあげられないのだろう、抱きしめてあげられないのだろう」と毎日自分を責め続け、Cさんの自己否定感は強まるばかりでした。

成長とともに、息子の交友関係にも干渉することが増えていきました。息子が習っていたダンスでは、他の子たちと息子を比較ばかりしてしまい「あの子すごく上手だったよね」などと周りの子たちばかり褒めて、息子のことを褒めることはほとんどありませんでした。

周りの子とコミュニケーションがとれていない息子の姿を見ると、激しい怒りがこみあげてきて「自分から挨拶しないからでしょ！」「自分から話しかけなきゃだめでしょ！」と、交友関係になると過剰に反応している自分がいました。

誰ともコミュニケーションをとらない息子への苛立ちは止まらず、そのうち「会話に息子を巻き込まない先生が悪い」「新しい子が入ってきたら周りの子が話しかけるものでしょ」と周りのせいにするようになっていき、保護者や先生に対して直接伝えたりはしませんが、心の中は不満でいっぱいでした。

息子が、遊ぶ約束を友達にすっぽかされたときは、とても悲しんでいるように見えてしまい、自分のほうが悲しい気持ちになりました。子育てで悩んだりイライラするのは、どのママも同じだと思うけれど、自分の場合は何か違うような気がしていました。

「今の自分が嫌だ」「このイライラや苦しみをなんとかしたい」そう思ったCさんは、まずは心療内科を探してみましたが、すぐに受診できるところがなく途方にくれていたところに、偶然、実践プログラムをみつけました。自分と驚くほど似た境遇のカウンセラーがいることに、安心と喜びを感じました。「ここに賭けてみよう」と、カウンセリングを受ける覚悟を決めました。

原因は「アダルトチルドレン」だった

Cさんは人当たりがよく、子育て以外の人間関係は何も問題ないように見えました。しかし、劣等感が強く対人不安も強く持っていました。生い立ち、交友関係など、これまでのCさんの人生を振り返り丁寧にお話を聴いていくと、アダルトチルドレンの症状が至る所に現れていました。愛着不安も見受けられ、人間関係でさまざまな生きづらさを抱えていました。息子の交友関係に過剰に反応してしまうのは、Cさん自身の「人間関係への強い不安」が、根底にあることがわかりました。

Cさんの母親は、未婚で娘（Cさん）を産みました。母親は夕方から深夜まで働き生計を立てていたため、母親が仕事で不在のときは祖母と留守番をする生活でした。祖母はとても短気な人で、母親ともいつもケンカばかりしていて不仲でした。祖母は機嫌が悪くなるとCさんに八つ当たりするため、祖母の機嫌をとることに必死でした。

優しくされた記憶はほとんどなく、2人で過ごした留守番の時間も苦い思い出として残っていました。「父親がいないことで周りから馬鹿にされないように」と、母親はいつも必死でした。何かにつけて「あの人はうちに旦那がいないと思って馬鹿にして！」と嘆くことも多く、母親の愚痴を聞くのがものすごく嫌でした。

人間関係がなぜかうまくいかない わけのわからない生きづらさ

中学生の頃は、学級委員長になったり人前に出ることに自ら立候補したりと頑張りました。しかし、極度のあがり症だったため、緊張で上手く喋れず、失敗するたびに自信をなくしました。ニキビだらけの顔もコンプレックスでした。先輩から目をつけられたり、友達から仲間外れにされたこともありました。

しかし一番ショックだったのは、自分は「不倫関係の間にできた子供」だという事実を知ってしまったこと。中学生時代はつらいことが多過ぎて、何もかもが嫌になり初めて死にたいと思いました。

その後も人間関係は拗らせてばかり。仲のよい友達が別の子と仲良くしている姿を見ると嫉妬ばかりして、そのたびにその相手に嫌悪感を感じていました。

3人以上でいる空間は居心地が悪く、大人になってからも複数人でいると疎外感も感じることが多かったそうです。

恋愛も拗らせることが多く、相手から「重い」と言われ、相手が離れていってしまうか、そうでない場合は相手にDV気質があったり。理不尽に暴力を振るわれても暴言を吐かれても周りから「離れたほうがいい」と言われても、自分から離れることを選択できない。相手の愛情に不安を感じると、その気もないのに「距離を置こう」とお試し行動をし、自分の居場所を確認

していました。

20代で結婚するものの夫婦生活もうまくいかず、二度の離婚を経験しています。その間、不倫、うつ病にもなるなど波乱万丈の人生でした。息子さんは二度目の結婚で授かった子でした。

現在のご主人はとても素敵な方で、息子さんとの関係も良好です。息子さんのことも、Ｃさんのこともすべてを受け入れてくれていて、息子さんとの関係も良好です。「今度こそ幸せになれる」そう思っていいはずなのに、夫にも劣等感を抱いたり、八つ当たりをしたり、そんな自分を責める日々。同じことの繰り返しで、やはり人間関係で悩まされる日々でした。

インナーチャイルドの出会いがターニングポイントになった

Ｃさんのこれまでの人生を、第三者が客観的に見れば「これだけのことがあれば何かしら問題が生じるのは、ある意味当然なのでは？」と思うことでしょう。しかし、当の本人は「自覚がない、気づかない」ということはめずらしくありません。

子育てに悩んだことをきっかけに、はじめて自分白身と向き合うことに取り組み始めたＣさんでしたが、実践プログラムを受講するまで幼少期が原因だとは想像もしていなかったそうです。変わり始める転機となったのが「インナーチャイルド」でした。インナーチャイルドについて学び、癒しはじめると、少しずつ変化が現れるようになっていきました。Ｃさんのようにインナーチャイルドとの出会いをきっかけに長年抱えてきた悩みや生きづらさが解消されるケースは多くあります。

「愛されたい」「必要とされたい」「誰かの一番でいたい」

自分の中にいる傷ついたインナーチャイルドの存在に気づくと、蓋をしてきたさまざまな感情と繋がりはじめました。過去にたくさん傷ついていたはずなのに、そのことに自分では全く気づいていなかった。

「私は心の病気なのかな」「私は母親になっちゃいけなかったんだ」「結婚も向いていないんだ」とずっと思っていたし、外へ出れば「なんで私の周りには人が寄ってこないんだろう」「私と仲良くしたい人なんていないよね」「ママ友なんてつくらないで1人でいるほうが楽だな」と、ずっと思っていました。

Cさんは幼い頃から、いつも「人のぬくもり」を求めていて「私を見てほしい」「周りから大事にされたい」という気持ちが本当に強かったのだと思います。人との距離の取り方もわからないのに、心の奥では常に誰かの存在を求めているけれど傷つくのが怖くて。いつも相手の気持ちを勝手に想像しては自分から距離をとってしまうこともありました。

「人はすぐ裏切る」とどこかで思っていても、すぐ人を信じてしまったり、仲良くしてくれる友人さえも信用するのが怖かったのは「見捨てられ不安」が強かったからだと気づきました。

ありのままの自分を受け入れることの難しさと大切さ

長い間、自分の心に蓋をして生きていると「ありのままの自分」が何なのかがわからなくなります。「自分はどうしたいのか」「どう感じているのか」と聞かれてもわからないのです。人に認めてもらえたとき、人に必要とされたときだけ「自分にも生きている価値がある」と思えるのです。

しかし、このような心の状態では周りに振り回される人生になってしまいます。心の境界線が曖昧になり線引きができないため、親子や夫婦関係では「不健康な依存」に陥ります。ご主人に八つ当たりしたり、息子さんの交友関係や生活態度に過剰に反応したのは境界線の脆さが原因です。

Cさんが苦戦したのは「ありのままの自分を認めること」でした。自分は「不貞の子だった」と知ってから「私は生まれてこないほうがよかったんじゃないか」と、自分の存在を、ずっと否定し続けてきたのですね。よくここまで生き抜いてくれたと思います。

「不完全な自分では愛されない」という思い込みが、とても強かったCさんにとって「できない自分を受け入れて認める」ということは、とても恐いことなのです。息子さんへの怒りは「恐れ」から生まれていたのですね。

ここに居ていいんだ 私も幸せになっていいんだ

自分と向き合うことは苦しいことのほうが多く、逃げ出したくなることも何度もあったと思います。自分のことを諦めず本当によく頑張りましたね。「子どもの課題と自分の課題を分けて考えること」息子の課題には必要以上に介入はせず、自分と向き合う練習にもたくさん取り組んできました。

自分の不安を息子になんとかしてもらうのではなく、自分でお世話することはとてもつらく、お風呂で1人涙を流すこともありましたね。そうやって、1つひとつ自分と丁寧に向き合い、1歩1歩成長してきました。

最後にCさんの近況をシェアしますね。

当時は、つらくて苦しくて死にたくても、その勇気がでなくて。結果、今私はここにいるけど、実践プログラムを学んだ今「あのときの私、生きることを選んでくれてありがとう。よく頑張って生きてきたね」と心から思います。

決して母のしたことを完全に許せたわけではないけど、恨んだところで過去は変わらない。これからは「私自身が自分の一番の味方」として寄り添って生きていくしかない」と思いはじめています。

息子と夫にはカウンセリングを受けていることを話しています。実践プログラムを卒業する少し前に、息子に「最近の母ちゃんどう?」と聞いてみたことがあります。すると息子は「昔の母ちゃんには俺の本音は言えなかったけど、今の母ちゃんには言いやすいかな」と言ってくれました。「昔は習い事を休みたくても言ったら怒られるのわかってたから、仮病使ったこともあるんだよね。今だから言うけど(笑)」とも言っていました。

直子さんやこのプログラムとの出会いは、私に「幸せを選択すること」を教えてくれました。これからも向き合い続けていきたいと思います。

Cさんは今も変わらず自分と向き合い続けています。Cさんの成長を今後も見守っています。

おわりに

最後までお読みいただき、本当にありがとうございます。

今回の出版にあたり「あなたの体験談を書かせてもらえませんか？」と受講生のみなさんにお願いしました。すると「私の経験が誰かのお役に立てるならぜひ使ってください」と快く承諾してくれました。みなさん本当に心優しく温かい人たちばかりです。

今回紹介に至らなかった受講生のみなさんも同じです。みなさんが直向きに自分と向き合い続ける姿には毎回感動し胸を打たれます。サポートをする側の立場ではありますが、たくさんの気づきと学びをいただいています。

私のもとに引き寄せられる方は、心にたくさんの傷を負い深い悲しみを抱えています。人は人との間で傷ついた経験が多ければ多いほど「これ以上傷つかないように」と、頑丈な鎧で自分の心を固くガードします。そのため、警戒心が強く本当の自分を開示するまでに時間を要します。驚くかもしれませんが、それは他人だけでなく「子どもや夫」に対しても同じです。家族にさえ本当の自分を見せることが怖くて深く繋がることを恐れています。

「本当の自分を知られたら母として妻として認めてもらえない」「ありのままの自分では愛されない」と無意識に恐れているのです。家族といても孤独を感じ、心を通わせることができないのは、とても寂しく本当につらかったことでしょう。

人間には、大切な人と「わかり合いたい」「繋がりたい」という欲求があります。そして、大切な人と深く繋がるためには「違い」を受け入れることが必要になります。親密になればなるほど「違い」を知ることになるのです。愛し愛されるということは「傷つくこと」でもあるのです。

受講生のみなさんと私は、誰よりも深い関係を築いていきます。これまで、家族にも友人にも見せたことのない「ありのままの自分」をさらけ出すのです。家族と深く繋がるためには「ありのままの自分でも大丈夫」という根拠のない安心感が必要です。根拠のない安心感は知識やテクニック、努力や根性では育むことはできません。どんなに醜い自分を曝け出そうと、どんなに泣き叫ぼうと、何度失敗しようと、人にどんな自分も丸事受け止めてもらえた経験が、安心の土台を育んでくれるのです。

私は、母親や父親の代わりとなり、ときには親友や同志となり受講生に寄り添います。私が与えるものは「充分な母性とほんの少しの父性」だけ。本書でお伝えした子どもが健全に育つために必要な「母性と父性」を与え続けるだけで、どんな困難な問題も解決に向かって進みはじめるのです。いつだって、人の心を救うのは「人の温かさと愛」なのです。

あなたの中にも「愛し愛されたい」「人と繋がりたい」という願いがあるはずです。どうか傷つくことを恐れないでください。どうか愛することを恐れないでください。どうか愛されることを恐れないでください。どうか「愛し愛されること」を諦めないでください。

あなたは、ただそこにいるだけで愛されるべき存在なのですから。

最後になりましたが、カウンセラーとしても人間としても半人前の私に、本書を世に出すチャンスをくださったセルバ出版の皆様、ご縁を繋いでくださった方々にこの場をお借りして心より御礼を申し上げます。また「心の土台構築実践プログラム」の受講生や卒業生のみなさん、ご自身のつらかった体験を症例として本書でご紹介することを承諾してくださった皆様に深く感謝いたします。

そして、どんな無理難題も大きな心で引き受け全力でサポートしてくれる事務局のいとみさん。同じ志を持ち共に頑張ってくれている認定カウンセラーのみなさんの存在が、私の心の支えになっています。いつも本当にありがとう。

さらに、私の仕事に理解を示し応援してくれている夫。人として親として学び成長する機会を与えてくれる娘と息子、温かく見守ってくれる松尾家のみんな、叔母の珠姉ちゃん。そして私の生い立ちを本書で語ることを快く承諾してくれた母と弟。つらいこともあったけれど過去の経験があったから今の私がいます。お母さん私を産んでくれて本当にありがとう。私と出会ってくださったすべての方に心から感謝いたします。

松尾　直子

著者略歴

松尾 直子（まつお なおこ）

1980年 福岡県生まれ。

ギャンブル依存の父、両親の離婚、母のうつ病など、幼少期を機能不全家庭で育つ。高校卒業後は夢だった美容師の道へ。30歳のときに自宅にて独立開業。仕事が充実する一方、プライベートでは、毒親、夫へのモラハラの問題を抱える。37歳でSNSやブログをはじめる。ありのままを綴った文章が反響を呼び、県外からもお客様が来店するようになり毎日が一変。当時、主催したブログ講座は口コミで広がり1年で延べ60名が受講。

順調な仕事の裏で、SNSの情報に一喜一憂し、自尊心の低さ、劣等感など心の問題が浮上。社交不安障害を発症する。これまで目を背けてきた家族の問題、アダルトチルドレン、愛着障害など、幼少期からのトラウマに向き合い、心理学、潜在意識、インナーチャイルドセラピーなど、独学で学び克服する。

現在は、自身の克服体験を体系化し「心の土台構築実践プログラム」を考案。

生きづらい人生を本気で変えたい女性のサポートを行う。アダルトチルドレン、毒親、虐待、不登校、共依存、モラハラ、DVなど、家族間の悩みを得意とする。

カウンセリングルーム ポポラス HP：https://popolus.jp/

イラスト：鈴木 絢子

「私、母親向いていない」それでも子育てを諦めたくない。

2024年12月20日 初版発行　2025年8月1日 第3刷発行

著　者　松尾　直子　© Naoko Matsuo

発行人　森　忠順

発行所　株式会社 セルバ出版
〒113-0034
東京都文京区湯島1丁目12番6号 高関ビル5B
☎ 03（5812）1178　FAX 03（5812）1188
https://seluba.co.jp/

発　売　株式会社 三省堂書店／創英社
〒101-0051
東京都千代田区神田神保町1丁目1番地
☎ 03（3291）2295　FAX 03（3292）7687

印刷・製本　株式会社 丸井工文社

Printed in JAPAN
ISBN978-4-86367-937-5